UN VIAGGIO NEL CUORE DELL'EGOISMO

IRENE MELLACE

Prologo

In un mondo spesso frenetico e distratto, poco spazio viene dedicato a quella parte di realtà che si cela dietro le maschere del quotidiano, in particolare, a quella che abita il cuore di chi ha vissuto con un narcisista maligno. La mia storia, quella di Sofia, è l'eco di mille altre vite stravolte dall'intossicante abbraccio di un amore distorto, un amore che, come un tornado, stravolge e devasta tutto ciò che trova sul suo cammino. Eppure, mentre scrivo queste righe, mi sento anche testimone e narratrice di un'esperienza che va ben oltre la mia persona: è un grido di aiuto e di speranza per chi ha condiviso strade simili e per chi, magari, ancora non sa di trovarsi impigliato in una tela di ragno dai mille colori ma dai contenuti cupi. Con il presente libro, non intendo solo raccontare la mia personale relazione con un narcisista maligno; voglio insieme a voi esplorare le molteplici sfaccettature del narcisismo, attingendo alla mia esperienza diretta e agli approfondimenti ottenuti grazie a anni di studio e confronti con esperti nel campo della psicologia. Sono state queste interazioni a fornirmi gli strumenti necessari per decifrare il labirinto emotivo in cui sono stata intrappolata, e mi permettono ora di condividere con voi un viaggio di consapevolezza e liberazione. Ben presto, mi sono accorta che non bastavano le certezze e le spiegazioni dell'intelletto per affrontare l'enigma della manipolazione narcisistica. Ho dovuto immergermi nell'inferno di sentimenti confusi: vulnerabilità, ansia, isolamento. Un mondo distorto che trasmette l'illusione di essere amati mentre si viene consumati lentamente dall'interno. Attraverso le pagine che seguiranno, vi accompagnerò all'interno di quel vortice, offrendo uno sguardo sincero e profondo su cosa significhi essere una vittima di un amore che non ama. Ho scelto di mantenere anonimi i nomi e le identità dei protagonisti di questa storia, perché ritengo che le esperienze condivise siano più importanti delle singole individualità. Ogni lettore potrà identificarsi nei momenti, nei pensieri e nelle scelte che saranno narrati, portando la propria autenticità alla superficie. E sebbene la mia voce possa sembrare fragile, è alimentata dalla forza e dal coraggio accumulati nel corso di un percorso difficile ma liberatorio. A chi si troverà a leggere queste pagine, auguro di poter trovare un raggio di luce nella propria oscurità, di capire che non è mai troppo tardi per riconoscere i segnali di allerta di una relazione tossica. È fondamentale ricordare che la liberazione da una relazione narcisistica non è solo possibile, ma soprattutto necessaria per poter rinascere. Invito tutti coloro che riconoscono in queste righe la propria storia a denunciare, a cercare il supporto di chi può realmente aiutarli e, soprattutto, a non avere paura di ricominciare. Con la speranza di giungere al cuore di chi ha vissuto esperienze simili o addirittura più gravi delle mie, mi accingo a porgere le prime parole di questo racconto. Che la lettura di queste pagine possa portare conforto, comprensione e, soprattutto, la determinazione a scrivere un nuovo capitolo della propria vita.

Irene.

UN VIAGGIO NEL CUORE DELL'EGOISMO

Quando si parla di narcisismo, ci si riferisce a una personalità complessa, avvolta in una fitta rete di ammirazione e vulnerabilità. La figura del narcisista è spesso concepita come egocentrica, ma per comprendere appieno questo fenomeno, è fondamentale esplorare in maniera più dettagliata le radici, le manifestazioni e le dinamiche che caratterizzano il comportamento narcisistico.

Cos'è il narcisismo?

Il termine "narcisismo" trae origine dalla mitologia greca, dove Narciso era un giovane di straordinaria bellezza che si innamorò della propria immagine riflessa nell'acqua. Affascinato dalla sua stessa figura, egli ignorò ogni altra affezione, fino a essere consumato dalla propria vanità. Questo racconto mette in luce una delle caratteristiche essenziali del narcisismo: l'ossessione per il sé.

In psicologia, il narcisismo è definito come un disturbo della personalità, noto come Disturbo Narcisistico di Personalità (NPD). Le persone che mostrano tratti narcisistici tendono a possedere un senso esagerato della propria importanza, una profonda necessità di ammirazione e un deficit nella comprensione e nell'empatia verso gli altri. Tuttavia, non tutti coloro che mostrano alcune di queste caratteristiche sono narcisisti; esiste una gamma di manifestazioni, che vanno dal narcisismo sano, una sana autostima, al narcisismo patologico, con conseguenze devastanti nelle relazioni interpersonali.

Comportamenti tipici del narcisista

UN VIAGGIO NEL CUORE DELL'EGOISMO

Il narcisista si distingue per diversi comportamenti e tratti caratteristici:

1. *Ricerca Costante di Ammirazione:* Una delle principali necessità del narcisista è essere al centro dell'attenzione. Questo può manifestarsi in vari modi, come vantarsi delle proprie realizzazioni o cercare di impressionare gli altri con informazioni sulle proprie capacità e competenze.

2. *Senso di Superiorità:* I narcisisti tendono a vedere se stessi come superiori alla maggior parte delle persone. Possono avere una convinzione quasi irrazionale di essere unici o speciali e spesso ritengono di meritare trattamenti particolari (per esempio, posti di privilegio o attenzioni speciali).

3. *Manipolazione e Controllo:* I narcisisti possono mostrarsi abili manipolatori, utilizzando gli altri per soddisfare i propri bisogni. Spesso vengono affidati a strategie come la svalutazione degli altri, il *gaslighting* (far dubitare qualcuno della propria sanità mentale) e l'idealizzazione.

4. *Mancanza di Empatia:* Un aspetto cruciale del narcisismo è l'incapacità di comprendere e condividere i sentimenti altrui. I narcisisti possono apparire insensibili o addirittura indifferenti nei confronti delle emozioni degli altri, rendendo difficile per le persone vicine a loro stabilire relazioni genuine e significative.

5. *Reazione all'Immagine Negativa:* Quando un narcisista percepisce una critica o un attacco alla propria immagine, può reagire in modo scomposto. Questo può includere rabbia, disprezzo o persino vendetta. La loro autostima è fragile e una ferita all'ego può attivare comportamenti estremi.

6. _Relazioni Superficiali:_ Le relazioni del narcisista tendono a essere superficiali e strumentali. Le persone vengono spesso utilizzate come mezzi per un fine, piuttosto che come esseri umani con cui instaurare un legame profondo e autentico. Quando un individuo non serve più ai loro scopi, può essere facilmente scartato.

Impatto sulle Relazioni

Le interazioni con un narcisista possono essere emotivamente estenuanti, sia per le vittime dirette che per le persone che li circondano. Le relazioni con i narcisisti possono essere segnate da alti e bassi estremi, da momenti di intensa ammirazione a periodi di svalutazione e abbandono. L'impatto psicologico su chi vive accanto a un narcisista è spesso devastante, portando a ansia, bassa autostima, depressione e conflitti interpersonali.

Conclusione

Il narcisismo è più di una semplice questione di egocentrismo; è un complesso insieme di bisogni, ansie e vulnerabilità che si riflettono nella vita quotidiana e nelle relazioni interpersonali. Comprendere il narcisismo e i suoi meccanismi è fondamentale non solo per riconoscere questi comportamenti, ma anche per proteggere se stessi e le proprie relazioni.

Nel prossimo capitolo, esploreremo come riconoscere un narcisista nella nostra vita, e come possiamo gestire le nostre interazioni con loro in modo sano e produttivo. Preparatevi a scoprire come porre confini, coltivare relazioni positive e, soprattutto, prendersi cura di se stessi in presenza del narcisismo.

Tecniche di Manipolazione dei Narcisisti

I narcisisti impiegano diverse tecniche per manipolare gli altri. Ecco alcune delle più comuni:

Gaslighting

Il gaslighting è una forma di manipolazione psicologica in cui la vittima viene fatta dubitare della propria percezione della realtà. I narcisisti possono negare fatti, minimizzare esperienze vissute o addirittura ricreare scenari per far sentire l'altro insicuro e confuso. Questa tecnica serve a mantenere il controllo psicologico sulla vittima, facendole credere di essere la causa dei propri problemi.

Love Bombing

All'inizio di una relazione, i narcisisti possono utilizzare il love bombing, una strategia in cui inondano la vittima di affetto, attenzioni e complimenti esagerati. Questo crea una forte illusione di connessione emotiva e lealtà, rendendo la vittima più suscettibile a future manipolazioni. Una volta che la vittima è legata emotivamente, il narcisista inizia a ritirare le attenzioni, causando dipendenza e vulnerabilità.

Giocare sulla Colpa

I narcisisti spesso usano la colpa come strumento di manipolazione. Possono far sentire l'altro inadeguato o in colpa per non aver soddisfatto le proprie aspettative. Questa tecnica non solo rafforza il senso di inferiorità della vittima, ma la spinge anche a conformarsi alle richieste del narcisista per evitare sentimenti di colpa e vergogna.

Proiezione

La proiezione è un altro meccanismo comune di difesa utilizzato dai narcisisti. Invece di affrontare i propri difetti, i narcisisti tendono a proiettarli sugli altri, accusando le vittime di avere le stesse caratteristiche negative che li affliggono. Questa tattica non solo distoglie l'attenzione dalle proprie responsabilità, ma destabilizza anche la vittima, rendendola confusa e frustrata.

Le Conseguenze della Manipolazione

Le conseguenze della manipolazione da parte di un narcisista possono essere devastanti per la vittima. L'autostima può subire gravi danni, portando a depressione, ansia e una sensazione di impotenza. Le vittime possono anche sviluppare disturbi di stress post-traumatico, oltre a difficoltà nelle relazioni future a causa della sfiducia verso gli altri.

Riconoscere e Affrontare la Manipolazione Narcisistica

Riconoscere le tecniche di manipolazione è il primo passo per difendersi da esse. È importante sviluppare una consapevolezza di sé e dei propri bisogni, nonché stabilire dei confini chiari nelle relazioni. Cercare supporto da amici fidati o da professionisti può aiutare a elaborare l'esperienza e a superare l'impatto emotivo della manipolazione.

La manipolazione è una delle facce più insidiose del narcisismo. Comprendere le tecniche utilizzate dai narcisisti e le conseguenze che queste possono avere sulla vita delle vittime è fondamentale per sviluppare strategie di difesa efficaci. La resilienza, la consapevolezza di sé e il supporto sociale sono cruciali per liberarsi dalla rete di manipolazione di un narcisista e per ricostruire un senso di sé sano e autentico.

I criteri diagnostici per il NPD sono stabiliti nel DSM-5 (Manuale Diagnostico e Statistico dei Disturbi Mentali) e comprendono i seguenti punti:

<u>Senso di grandiosità:</u> Le persone con narcisismo hanno un'esagerata opinione di sé, spesso credendo di essere superiori agli altri. Questo non si limita solo ai talenti o alle conquiste, ma può estendersi a una visione distorta delle proprie capacità e importanza nella società.

<u>Fissazione sull'ammirazione:</u> Queste persone hanno un bisogno costante di essere ammirate e riconosciute. Possono cercare incessantemente l'approvazione degli altri e sentirsi frustrate o depresse se non ricevono l'attenzione desiderata.

<u>Senso di diritto:</u> Le persone con NPD possono sentirsi automaticamente meritevoli di un trattamento speciale o di privilegi, senza considerare le necessità o i diritti degli altri. Possono reagire in modo negativo quando non ottengono ciò che vogliono.

<u>Sfruttamento interpersonale:</u> Il narcisismo implica una tendenza a sfruttare gli altri per raggiungere i propri obiettivi. Questa mancanza di empatia porta questi individui a utilizzare le persone a proprio favore, senza preoccuparsi delle conseguenze per gli

altri.

Fantasie di successo illimitato: Le persone con caratteristiche narcisistiche spesso sono assorbite da fantasie riguardo a potere, successo, bellezza o amore ideale. Queste fantasie possono dare vita a aspettative irrealistiche su ciò che possono ottenere nella vita.

Necessità di ammirazione: Oltre a voler ricevere ammirazione, c'è anche una vulnerabilità emotiva quando non la ricevono. Queste reazioni possono manifestarsi in irritazione o disprezzo nei confronti degli altri.

Invidia e credenze di essere invidiati: I narcisisti possono provare invidia nei confronti degli altri e, al contempo, credere che gli altri li invidino in modo uguale o addirittura maggiore.

Atteggiamento arrogante e altezzoso: Spesso, chi presenta tratti narcisistici può comportarsi in modo arrogante o presuntuoso, disprezzando gli altri o minimizzandone i contributi.

Per poter diagnosticare il Disturbo Narcisistico di Personalità, è necessario che questi comportamenti e pensieri siano persistenti, pervasivi e incidano negativamente sulla vita dell'individuo, influenzando le relazioni personali, il lavoro e altre aree significative della vita. È importante notare che non tutti coloro che mostrano caratteristiche narcisistiche soddisfano i criteri per il disturbo, e la diagnosi dovrebbe essere effettuata da un professionista qualificato in salute mentale.

Il narcisismo, un termine che evoca spesso connotazioni negative, è un concetto complesso che può essere compreso da angolazioni diverse. Mentre comunemente associamo il narcisismo a tratti di personalità egocentrici, vanitosi e persino tossici, esiste un'altra faccia di questa realtà, che può essere definita "narcisismo sano". Questo tipo di narcisismo è caratterizzato da una sana autostima e da un'adeguata consapevolezza di sé, elementi fondamentali per il benessere psicologico e relazionale degli individui.

Caratteristiche del narcisismo sano

Il narcisismo sano si manifesta attraverso un equilibrio interiore che consente agli individui di riconoscere e valorizzare le proprie qualità senza cadere nel convincimento di essere superiori agli altri. In questo contesto, la fiducia in sé si fonde con una genuina empatia, permettendo alla persona di orientarsi sia verso il proprio sviluppo personale, sia verso quello degli altri. La persona che manifesta narcisismo sano non teme di esprimere la propria individualità, ma lo fa in un modo che non trascende i limiti della considerazione per gli altri.

In termini pratici, il narcisismo sano può tradursi in una chiara visione dei propri obiettivi e delle proprie ambizioni, fondamentali per il successo personale e professionale. Questa consapevolezza di sé permette all'individuo di affrontare le sfide quotidiane con una determinazione ferma, che, peraltro, non esclude la vulnerabilità. Infatti, chi possiede narcisismo sano è in grado di accettare e integrare le critiche, vedendole come opportunità di crescita e miglioramento.

In una società che spesso esalta l'idea di successo, bellezza e prestazione, il narcisismo sano emerge come un'opzione alternativa utile. Esso incarna un tipo di amore verso se stessi che non è caratterizzato dall'egoismo, bensì da una cura autentica per il proprio benessere, che implica il riconoscimento e l'accettazione dei propri limiti. Gli individui che possiedono questo tipo di narcisismo tendono a stabilire relazioni più sane e autentiche, in quanto non sono intrappolati nella necessità di costante approvazione esterna, ma sono invece motivati a costruire legami significativi basati su una reciproca stima.

In sintesi, quindi, quando parliamo di narcisismo sano, ci riferiamo a una dimensione della vita psicologica caratterizzata da un amore equilibrato per se stessi. Questo amor proprio consente agli individui di ambire a obiettivi personali, mantenendo al contempo una prospettiva altruistica e rispettosa nei confronti degli altri. È un concetto che invita a riflettere sul valore positivo dell'autoefficacia e dell'autenticità in un mondo che richiede tanto dai suoi membri, sottolineando che prendersi cura di sé è un gesto non solo valido, ma essenziale per poter contribuire in modo significativo alla comunità in cui si vive.

Il narcisismo maligno è una forma complessa e severa di narcisismo, che combina tratti narcisistici con comportamenti antisociali, stati di attrazione per la manipolazione e una mancanza di empatia. Questo concetto è stato formulato dallo psichiatra tedesco Otto Kernberg e si riferisce a un particolare tipo di personalità caratterizzata da una grandiosa autostima, un'intensa necessità di ammirazione e una profonda mancanza di considerazione per i sentimenti degli altri, unita a tratti di malignità come il sadismo psicologico o la tendenza a danneggiare gli altri per il proprio piacere o vantaggio.

Caratteristiche del narcisismo maligno

Grandiosità: Le persone con narcisismo maligno hanno una visione esagerata delle proprie capacità e importanza. Possono sentirsi superiori agli altri e avere una convinzione ferrea che meritino un trattamento speciale.

Bisogno di ammirazione: Questi individui cercano costantemente approvazione e ammirazione dagli altri. Spesso, la loro autostima dipende in gran parte dalla percezione che gli altri hanno di loro.

Mancanza di empatia: Una delle caratteristiche più preoccupanti del narcisismo maligno è la mancanza di empatia. Queste persone spesso non riescono a riconoscere o a comprendere i sentimenti e le esigenze altrui, risultando fredde e distaccate nelle relazioni interpersonali.

Manipolazione e sfruttamento: Le persone con narcisismo maligno sono spesso abili manipolatori. Possono usare gli altri per raggiungere i propri obiettivi senza alcuno scrupolo, sfruttando le debolezze altrui e mostrando una grande astuzia nel modo in cui interagiscono.

Comportamenti subdoli e aggressivi: A differenza del narcisismo "non maligno", che può essere più orientato all'autopromozione, il narcisismo maligno può manifestarsi attraverso un comportamento aggressivo e subdolo. Queste persone possono infliggere danni psicologici a chi li circonda per sentirsi più potenti o per vendetta.

Sadismo psicologico: Alcuni individui con narcisismo maligno possono provare piacere dall'infliggere sofferenza agli altri. Questo comportamento sadico spesso si manifesta in relazioni tossiche, dove il narcisista cerca di controllare e dominare l'altro, usando tattiche come il gaslighting.

Gaslighting

Il gaslighting è una forma di manipolazione psicologica in cui una persona o un gruppo tenta di indurre un'altra persona a mettere in dubbio la propria percezione della realtà, i propri ricordi o il proprio stato emotivo. Il termine deriva dal film del 1944 "Gaslight", in cui un marito manipola la moglie per farle credere che stia impazzendo, ad esempio, abbassando le luci a gas della casa e negando di farlo quando lei lo rileva.

Il gaslighting si manifesta attraverso diverse tecniche e comportamenti:

1. *Negazione:* l'aggressore nega eventi, conversazioni o comportamenti che sono realmente accaduti, costringendo la vittima a dubitare della propria memoria.

2. *Minimizzazione:* l'aggressore riduce o sminuisce le preoccupazioni della vittima, facendo sentire quest'ultima come se stesse esagerando o reagendo in modo eccessivo.

3. *Bollatura:* l'aggressore etichetta la vittima come "senza senno" o "esagerata", contribuendo a farla sentire vulnerabile e insicura.

4. *Proiezione:* l'aggressore attribuisce alla vittima i propri comportamenti tossici o difetti, creando confusione e ansia.

5. *Manipolazione emotiva:* l'aggressore usa tattiche per

evocare sensi di colpa o complicità per mantenere il controllo sulla vittima.

Gli effetti del gaslighting possono essere profondi e duraturi per la vittima. Alcuni dei più comuni includono:

1.<u>Dubbio di sé</u>: le vittime iniziano a mettere in discussione le proprie percezioni, la propria razionalità e i propri sentimenti. Questo può portare a una diminuzione della fiducia in se stessi e delle proprie capacità.

2.<u>Ansia e depressione</u>: la continua manipolazione e il senso di impotenza possono causare ansia e, in molti casi, portare a depressione. Le vittime possono sentirsi intrappolate in una situazione in cui non possono fare affidamento sulla propria salute mentale.

3.<u>Isolamento</u>: le vittime di gaslighting possono diventare più isolate socialmente. Spesso l'aggressore cerca di allontanarle da amici e familiari, facendo sentire la vittima sempre più sola e vulnerabile.

4.<u>Problemi relazionali</u>: la manipolazione e la mancanza di fiducia nelle proprie percezioni possono complicare ulteriormente le relazioni interpersonali. La vittima può avere difficoltà a fidarsi di altre persone o a instaurare nuove relazioni.

5.<u>Difficoltà cognitive</u>: l'esperienza prolungata di gaslighting può influenzare la capacità di concentrazione e la funzione cognitiva. Le vittime possono avere difficoltà a prendere decisioni o a mantenere una chiara comprensione della realtà.

6._Sfida alla realtà_: nel lungo periodo, le vittime possono arrivare a vivere in una realtà distorta, influenzando la loro capacità di interagire con il mondo esterno e di valutare accuratamente le situazioni

Il gaslighting è una forma subdola e dannosa di abuso psicologico che può avere effetti devastanti sulla salute mentale e sul benessere delle vittime. È importante riconoscere i segni di questo comportamento e cercare supporto per affrontarlo, che può includere la terapia, il supporto da parte di amici e familiari e, nei casi più gravi, l'intervento di professionisti della salute mentale. Sensibilizzare l'opinione pubblica su questo fenomeno è fondamentale per prevenire e affrontare il gaslighting e le sue conseguenze.

Love bombing

Chi ha frequentato un soggetto narcisista, probabilmente conosce molto bene questa dinamica. Si tratta di una "tattica" messa in atto in maniera più o meno consapevole con cui il soggetto narcisista entra in relazione.

Vediamo il significato, come riconoscerlo, e come comportarsi per non incorrere in una fase di sofferenza da cui diventa complicato uscire.

N.B.: è statisticamente più frequente che il love bomber sia un uomo, e che la donna svolga il ruolo della "preda" o vittima. Per esigenze di lettura e scrittura, utilizzerò quindi questa costellazione come situazione standard. Ma è possibile anche che i ruoli siano invertiti, e che sia quindi la donna a ricoprire il ruolo narcisistico. Le stesse dinamiche e i medesimi ruoli si possono manifestare ugualmente anche all'interno di una coppia omosessuale.

UN VIAGGIO NEL CUORE DELL'EGOISMO

 Si tratta di una fase molto particolare, travolgente, intensa ed emozionante dell'incontro con il narcisista: i primi tempi. Ma il love bombing rappresenta anche una tecnica manipolatoria volta a fare leva sulle fragilità della vittima per assicurarsi la sua fedeltà. È una forma di abuso emotivo. Il love bombing consiste in una serie di azioni, comportamenti, gesti e parole lusinghieri con cui il narcisista inizialmente "bombarda" romanticamente la preda per corteggiarla e sedurla. In questa fase idealizzata e idealizzante, il soggetto si mostra come il partner, appunto, ideale: riempie di regali, complimenti, messaggi d'amore puntuali e frequenti, sorprese e attenzioni magari plateali ed eclatanti. Letteralmente venera la partner, mettendola su di un piedistallo. A questi segnali occorre prestare molta attenzione:

- fanno gesti grandiosi e molto romantici, regali stravaganti e importanti;
- si profondono in molti complimenti senza conoscere davvero la persona;
- "esibiscono" la propria donna sin da subito e mostrano in pubblico plateali manifestazioni di affetto;
- risultano travolgenti nei loro progetti; fanno le migliori promesse (affrettate) per il futuro condiviso della coppia;
- promuovono una comunicazione assidua, sono sempre presenti, inondano di messaggi;
- affinità elettiva: risultano straordinariamente compatibili, rispondono alle nostre aspettative e ai nostri gusti in maniera puntuale (questa strategia è chiamata "mirroring");
- richiedono attenzione costante;
- richiedono impegno e dedizione;
- spesso hanno avuto relazioni precedenti instabili con donne di cui parlano male;
- si oppongono a legami esterni alla coppia;
- fanno affermazioni da "anima gemella";
- diranno "ti amo" molto velocemente;

UN VIAGGIO NEL CUORE DELL'EGOISMO

•*sono molto bravi a dire ciò che abbiamo bisogno di sentirci dire;*
•*sembra "troppo bello per essere vero";*
•*ti fanno sentire come se fossi stata "salvata";*
•*ti mettono su un piedistallo.*

Esempi di frasi tipiche:

• *"non mi sono mai sentito così"*
• *"non ho mai incontrato nessuna come te"*
• *"sei la donna più bella che abbia mai avuto"*
• *"sei perfetta, sei troppo per me"*
• *"sei la donna della mia vita"*
• *"non mi è mai successa una cosa del genere... incontrare una donna così straordinaria..."*

...e altre affermazioni simili: precoci, premature, totalizzanti e seduttive.

Di conseguenza, lei si sentirà finalmente speciale, amata, apprezzata, desiderata come forse mai le era capitato.

La difficoltà consiste nel distinguere il love bombing da una forma sana di innamoramento, in cui comunque, fisiologicamente, è presente una forma di idealizzazione reciproca tra i due elementi della coppia: non si vede l'ora di vedersi, di guardarsi, di toccarsi e di parlarsi, e lo stare assieme regala una forma di appagamento e di pienezza impagabili.

•*La differenza è che nel love bombing si tratta di comportamenti prematuri, sproporzionati, eccessivi.*
•*La differenza sta nell'intensità emotiva troppo "esagerata" della prima fase, e nella brusca virata verso la fase successiva.*

Infatti:

UN VIAGGIO NEL CUORE DELL'EGOISMO

Quanto dura il Love Bombing del Narcisista?

No, non dura a lungo. Paragonabile alla fase idilliaca della "luna di miele", questo periodo iniziale del rapporto non ha una durata fissa: può durare settimane o mesi. Dipende molto dalle caratteristiche delle persone coinvolte e dal contesto. Generalmente, quando il narcisista è "certo" di avere il controllo della partner e si è rifornito a sufficienza (per il momento), il comportamento si modifica e inizia il periodo delle "montagne russe", della svalutazione e dell'isolamento della vittima, descritto nel prossimo paragrafo.

La vittima, una volta perse queste attenzioni, può soffrire molto e anche rasentare la disperazione. Non a
caso, "googlando" sull'argomento si trovano frasi molto ricercate come:

- "è possibile prolungare la fase del love bombing del narcisista?"
- "dopo quanto tempo torna di solito un narcisista?"
- "quanto tempo può durare il silenzio o il comportamento freddo di un narcisista?"
- "love bombing e poi sparisce"

Love Bombing: la "tattica" del Narcisista

Il soggetto narcisista non si "diverte" a fare love bombing e a trattare così le persone con cui entra in relazione. Il narcisista che agisce comportamenti relazionali disfunzionali ed è "obbligato" a farlo dal suo proprio funzionamento: anche se sembrano intenzionali, le sue modalità sono modelli relazionali a cui è costretto, poiché conosce solo quelli. Si tratta di un imprinting affettivo di cui lui stesso, a sua volta, è stato vittima, e non può fare altrimenti perché non conosce altre modalità. Il *narcisismo* è infatti, nella sua forma strutturale, una patologia della relazione. Pertanto il trattamento riservato alla "vittima" non è ad personam: avverrebbe nello stesso modo anche con un altro soggetto, perché così lui funziona.

Il narcisista, purtroppo, non è in grado di amare e di provare empatia. La tattica del love bombing si basa su un'abilità manipolatoria (più o meno inconscia) molto raffinata. In maniera molto sottile, il narcisista riesce a cogliere i punti di vulnerabilità dell'altro e a fare leva su di essi: di solito, si tratta del bisogno di essere amata e riconosciuta. Il comportamento viene studiato e cucito su misura per corrispondere ai desideri più profondi dell'altra persona, e vengono messi in atto i comportamenti complementari alle sue ferite interiori, in modo da rendere il legame vincolante in maniera tossica e da avere il controllo sull'altra persona.

Love Bombing narcisista: <u>Quando si rompe la luna di miele?</u>

Generalmente, dopo una prima fase idilliaca, il narcisista cambia umore e atteggiamento, si mostra improvvisamente arrabbiato o freddo/cinico e si farà sempre più insistente nel chiedere alla vittima di isolarsi da famiglia e amici. Spesso compaiono altre donne (magari delle ex) con cui la donna attuale viene accompagnata ad entrare in competizione ("triangolazione narcisistica"). Somministrano silenzi punitivi, negano cose dette o fatte, confondono la verità con la bugia portando la vittima a dubitare di sé ("gaslighting"). Possono iniziare anche atteggiamenti svalutanti e denigratori, alternati a momenti di riconciliazione fatti di grandi promesse, e sperimentati ogni volta come una nuova "luna di miele".
Nel subire questa svalutazione, ci si sente costantemente criticati e umiliati e si prova confusione per le informazioni incoerenti e ambigue ricevute.

Il ciclo si ripete

Si tratta di un circolo vizioso fatto di diverse fasi:

- love bombing (o idealizzazione)
- → svalutazione
- → allontanamento (o scarto)
- → riconquista (o recupero)

che si ripete in maniera ciclica, e potenzialmente all'infinito.

Nel caso di una co-dipendenza, il legame tossico può andare avanti per anni. Il narcisista pratica quello che viene chiamato "hoovering", ovvero la possibilità di risucchiare, come un aspirapolvere, la vittima anche dopo diversi mesi o anni. Se invece la frequentazione inizia ad annoiare o non serve più, egli sparirà lasciando la persona a pezzi ("ghosting").

Lei ha impresse le meravigliose e intense emozioni della prima fase: naturalmente, le rimpiange, le vuole indietro, e sarà disposta a tutto, anche a elemosinare briciole di quelle emozioni perdute ("breadcrumbing").

Questa alternanza tra alti e bassi (montagne russe o altalene emotive) è simile al rinforzo intermittente e casuale delle slot machine, e può creare una forte dipendenza emotiva e affettiva nella vittima. Nei periodi di distacco o di svalutazione si rafforzerà la paura dell'abbandono, e nelle riconciliazioni (quando si fa pace dopo una litigata, per esempio) le sensazioni di euforia saranno sempre più intense: il narcisista ha ormai il controllo sulla vita della partner.

Io ti salverò

Nella dinamica del ciclo sopra descritto, è possibile che la "vittima" abbia la sensazione che solo lui potrà salvarla dalle sue fragilità emotive. Allo stesso tempo, paradossalmente, qualora l'uomo manifestasse dei bisogni, delle sofferenze, dei vuoti affettivi o dei comportamenti disfunzionali, la donna si porrà nel ruolo di salvatrice: con il mio amore, la mia presenza e il mio affetto, io ti salverò.

La vittima del love bombing ha di solito le caratteristiche complementari:

spesso è una donna in gamba ma con delle fragilità emotive, momentanee o di lungo corso. Magari si trova in un momento di fisiologica difficoltà personale, o ha un intenso vissuto di solitudine o un profondo bisogno di affetto o di conferme esterne. La conseguenza è quella di volere mantenere l'idealizzazione del partner per portare avanti le emozioni positive anche quando i vari campanelli d'allarme suonano un brano d'orchestra, e diventa difficile tirarsi fuori dalla manipolazione affettiva. Tutte queste esperienze giocano un ruolo nella scelta del partner, che ha una forte componente emotiva e non razionale. Prendendo a prestito le favole: il Principe Azzurro incontra la Piccola Fiammiferaia, o Cenerentola.

Sembra incredibile, ma il soggetto narcisista ha un fiuto particolare per intercettare delle "facili prede" e poi legarle a sé. Non è raro infatti che alcune donne incorrano in questo tipo di relazioni in maniera ciclica e ripetuta, indipendentemente dal livello di istruzione o dalla loro condizione socioeconomica.

La manipolazione a cui soggiace da adulta non è mai la "prima": si tratta più spesso della replica di un copione già vissuto. Spesso si tratta di donne "amate male" o falsamente amate da sempre.

Nella storia della vittima spesso si trova una ferita emotiva antica, che si cerca di sanare nel presente. Questo tipo di esperienze sono molto comuni: per esempio essere stati esposti a comunicazioni ambivalenti da parte dei propri genitori, avere vissuto delle mancanze o trascuratezze affettive o avere sperimentato un abbandono o la mancanza di una base sicura in cui sentirsi accolti e accettati e in cui poter esprimere i propri bisogni. Si tratta di esperienze affettive in qualche modo traumatiche, ma sono anche molto comuni e si possono riscontrare in famiglie "normali", e non necessariamente patologiche. Tuttavia, una relazione sentimentale di questo tipo non riempie dei vuoti, ma ovviamente li amplifica.

Il narcisismo per procura

La donna legata ad una persona con queste caratteristiche spesso gode di un narcisismo "per procura", ovvero di luce riflessa. Quando quindi il narcisista le toglie attenzioni e importanza, la ferita (narcisistica) può essere davvero molto dolorosa. Infatti, si suole dire che i "narcisismi" in gioco in questi casi sono sempre due: entrambe le persone coinvolte, con caratteristiche diverse, sono attori di una dinamica relazionale disfunzionale che ha ruoli complementari.

Love Bombing per conquistare: la psicologia del Narcisista

Attraverso questi comportamenti, il narcisista ottiene rifornimenti per l'autostima: la sensazione di esercitare un potere, di avere una persona che dipende da lui e di cui poter disporre, rappresenta un nutrimento per il suo ego. Il narcisista frequenta le persone per uno scopo utilitaristico: ottenere un rifornimento narcisistico e mantenere una immagine grandiosa del Sé. Idealizzando la partner, in realtà, idealizza se stesso. E abbassando l'autostima della partner, egli alimenta la propria.

Come ci si sente dopo una relazione di abuso

emotivo

Un'esperienza di questo tipo può lasciare molto provati, psicologicamente e fisicamente: l'autostima è a terra, si può perdere parte della propria identità e del proprio Sé. Si perde lucidità, non ci si riconosce più e ci si sente in colpa per non essere riusciti a separarsi per tempo. Si possono provare forte ansia e sentimenti depressivi. Si dubita della propria versione dei fatti e dei propri pensieri, poiché questi sono stati messi in discussione da una comunicazione contraddittoria e ambivalente, e la verità è stata negata anche di fronte all'evidenza: ci si trova in uno stato di confusione profonda, si teme di aver perso il contatto con la realtà, e si dubita di se stessi e della propria affidabilità ("gaslighting"). Allo stesso tempo si avrà paura di rimanere soli, di non riuscire più a provare emozioni e sentimenti così intensi. Ci si può sentire svuotate e ancora più vulnerabili, con sentimenti di ansia e di profonda tristezza. Può essere una fase molto penosa. Spesso si sviluppa una vera e propria <u>dipendenza affettiva</u>: un circolo vizioso in cui separarsi è impossibile, ma rimanere nel legame è ancora più doloroso.

L'assunzione di responsabilità della "vittima"

Tuttavia, è una riflessione poco utile quella di attribuire tutta la colpa al partner "cattivo". Infatti, qualora il partner soffrisse effettivamente di una problematica narcisistica, si tratterebbe di una persona comunque sofferente interiormente tanto quanto la vittima.

Una consapevolezza più utile e costruttiva consiste nell'assunzione di responsabilità:

come mai ho scelto proprio quella persona?

- come mai scelgo di rimanere in una relazione che mi fa soffrire?
- come mai non riesco ad interrompere questo legame?
- come sono diventata complice di questo copione massacrante e perverso?
- quali ferite antiche sta riattivando questa relazione e quali sono le mie aspettative inconsce?

Questa assunzione di responsabilità, ovviamente, non è una passeggiata: non è semplice riconoscere di essersi volontariamente prestati a partecipare a una autodistruzione psicologica, e a rimanere in una forma malata di amore. L'assunzione di ruolo non significa COLPEVOLIZZARSI, ma rappresenta invece una grandissima opportunità: riconoscendo il ruolo attivo che ho avuto nella storia, so anzitutto che non è dipeso TUTTO dall'altra persona (che è una buona notizia!). So di avere una parte attiva su cui poter fare leva e su cui poter contare nella strada verso la guarigione.

Prevenire è meglio che curare: consigli per non cadere nella trappola del Love Bombing Narcisista

(Quanto segue vale anche per frequentazioni di gruppi, network, sette etc., come spiegato in fondo a questo articolo):

"non accettare caramelle dagli conosciuti": ovvero mantenere la guardia alta e tenere allenata la capacità critica di pensiero;

- drizzare le antenne: se gli atteggiamenti iniziali di "lui" ti sembrano esagerati, incredibili, affrettati (si può provare anche un vago senso di disagio e di invadenza) bisogna prestare molta attenzione. Certamente la fase iniziale di innamoramento è magica e lusinghiera per tutti, ma un legame stabile e vero si crea con il tempo, e la fiducia va conquistata gradualmente;
- dare importanza ai primi segnali di gelosia (anche retroattiva

verso gli ex) e di disapprovazione per le altre frequentazioni (anche con vecchi amici e amiche, e con la famiglia). Allo stesso modo, se lui dispone del tuo tempo senza chiederti il parere, prende impegni per voi senza interpellarti, non è un buon segno;

•<u>NON sperare che la persona cambi e NON cedere alle sue promesse di curarsi;</u>

•ascoltare il proprio intuito, e i campanelli di allarme di una relazione potenzialmente tossica: con un partner bisognerebbe sempre sentirsi al sicuro, e mai a disagio;

•gli amici e le persone vicine, che ti conoscevano da prima, sono più obiettive di te: se ti dicono che sei cambiata, che non ti fai più vedere, se ti chiedono se sei proprio sicura che lui ti faccia stare bene e che sia la persona giusta… ASCOLTALI.

•se l'allarme interno suona, bisogna interrompere la relazione il prima possibile, magari appoggiandosi ad una persona di fiducia: un amico/a stretto/a e supportivo, un familiare, magari anche un professionista psicologo o psicoterapeuta che possa aiutare a comprendere e a curare le ragioni profonde per cui si è caduti in questo tipo di relazione disfunzionale;

•l'arma più efficace per uscirne è praticare il NO CONTACT: nessun contatto, in maniera molto determinata. Bisogna interrompere qualsiasi tipo di comunicazione, diretta (telefono, messaggi, email etc. vanno bloccati) o indiretta (pubblicare una foto su facebook/instagram/uno stato su whatsapp per mandargli un segnale o farlo ingelosire);

•può essere utile (per un breve periodo però) frequentare gruppi o forum di altre persone che hanno vissuto la spessa esperienza, per cercare condivisione, confronto e comprensione, senza sentirsi sotto accusa; ad un certo punto è però necessario staccarsi, e concentrarsi su altro;

•distrarsi, frequentare persone di una cerchia diversa,

appassionarsi a qualcos'altro: il mondo è grande, vario e interessante. Non tutto – per fortuna – gira intorno a "lui".

Come uscirne:

L'esperienza di un abuso emotivo può essere traumatica. Diventa molto importante attraversare un percorso personale di consapevolezza, per uscire dal ruolo di vittima, riconoscere le proprie responsabilità, curare le proprie ferite e diventare finalmente protagonisti e liberi di scegliere chi essere e chi amare. Tenendo presente che quello che eventualmente ci è stato tolto (serenità, autostima, fiducia in sé stessi e negli altri) è ancora dentro di noi, solo un po' nascosto e al momento non accessibile. E che non è mai troppo tardi per voltare pagina: talvolta non è facile è c'è bisogno di un supporto. Se la tua relazione comprende anche una forma di violenza fisica o sessuale, puoi rivolgerti al numero gratuito 1522 rivolto a donne vittime di violenza e stalking.

QUALCHE "CHICCA IN PIU' NON FA MAI MALE"

Le origini del Love Bombing al di là del Narcisismo

Anche in altri ambiti, il Love Bombing in senso allargato è una strategia manipolatoria per coinvolgere emotivamente (indottrinare, o rendere dipendenti) le persone che si vogliono legare a sé. Questa strategia è molto diffusa si può riscontrare anche alla base:

•delle truffe affettive (perpetrate anche a distanza tramite i vari canali di internet),
•di alcune sette, di forme di culto coercitive, di gruppi motivazionali,

- di alcune organizzazioni piramidali,
- di aggregazioni o associazioni di persone strutturate, gerarchicamente e in maniera vincolante attorno ad un certo ideale.

In cosa consiste il Love Bombing?

Tradotto letteralmente come "bombardamento d'amore", il Love Bombing consiste in una manifestazione intenzionale o premeditata – ed eccessiva – di amore, ammirazione, amicizia, calore, affetto e attenzione verso un soggetto da parte di una singola persona o di un gruppo. Non tutte le manifestazioni di stima e ammirazione, ovviamente, sono disfunzionali. Ciò che rende questo corteggiamento manipolatorio è lo scopo: l'intenzione è infatti quella di ottenere adesione o comunque una certa influenza. E di creare dipendenza.

Frasi tipiche:

- Tu sei intelligente, tu sei diverso da tutti gli altri;
- Sei degno di comprendere e di far parte del nostro gruppo;
- Tu farai carriera, sei più avanti degli altri, tu puoi capire;
- etc.

Cenni storici del concetto

Diffuso per la prima volta da M. Singer (scrittrice psicologa statunitense) in un suo testo del 1995, il Love Bombing è definito come una forma sistematica e vincolante di plagio che si esprime attraverso modalità gentili, lusinghiere e seduttive, manifestazioni di affetto, compagnia e attenzioni, da parte dei "piani alti" (spesso personalità carismatiche e astute: manager, guru etc.) di un gruppo, setta o associazione verso le sue reclute o neofiti, per affiliarli.

A causa di questo tipo di denuncia, la Singer ha ricevuto numerose intimidazioni e minacce di morte, oltre ad essere stata ovviamente screditata dai diretti interessati. Anche per questo motivo, abbandonare una setta o associazione simile è molto difficile, poiché l'adesione degli adepti si basa anche sulle emozioni della paura e della vergogna. I dissidenti o di chi comincia a manifestare critiche, obiezioni, dubbi o perplessità, viene minacciato tramite l'isolamento e l'emarginazione. E denunciare questo tipo di situazioni non è affatto semplice per via del coinvolgimento emotivo totalizzante in cui si è presi.

Tutti siamo a rischio Love Bombing, chi più chi meno

Il Love Bombing è una trappola emotiva che può capitare a chiunque: in fondo, chi non aspira a sentirsi amato in maniera incondizionata, accolto e apprezzato come persona? Chi non ha mai sognato di sentirsi protagonista di una favola d'amore? Tutti abbiamo bisogno di sperimentare il senso di appartenenza, di far parte di qualcosa di unico e speciale: fa parte della nostra natura. Qualsiasi sia il ceto sociale o il livello di istruzione e tutte le ferite affettive accumulate in precedenza.

Per quanto siamo consapevoli e attenti, razionali e dotati di capacità critica, nessuno di noi è immune a questo tipo di strategie e siamo tutti potenzialmente sensibili a questo tipo di invischiamento che si basa sulla manipolazione mentale e affettiva.La vita, o la sfortuna, possono però farci incontrare persone o istituzioni che se ne approfittano. Soprattutto se ci capita di trovarci in un momento di fragilità o di vulnerabilità (magari in seguito ad un lutto o ad un insuccesso), oppure se abbiamo sofferto di qualche carenza affettiva nella nostra vita: si da luogo l'incastro perfetto.

Le origini del narcisismo maligno possono essere complesse e multifattoriali. Alcuni esperti suggeriscono che fattori genetici, esperienze traumatiche o abusivi nell'infanzia e modelli di attaccamento disfunzionali possano contribuire allo sviluppo di questo tipo di personalità. In particolare, una combinazione di ambiente familiare instabile e mancanza di affetto può alimentare questi tratti. Il narcisismo maligno ha un impatto profondo sulle relazioni interpersonali. Le persone che interagiscono con individui che mostrano questi tratti possono sentirsi confuse, ansiose e profondamente ferite. Il narcisista maligno può sfruttare le vulnerabilità altrui per ottenere controllo, e spesso lascia dietro di sé una scia di relazioni distrutte e persone emotivamente danneggiate. Il trattamento per il narcisismo maligno può essere estremamente difficile, poiché gli individui con questi tratti spesso non riconoscono la loro condizione o non sono disposti a cercare aiuto. La terapia può richiedere approcci specifici, come la terapia cognitivo-comportamentale (CBT) o la terapia psicodinamica, che mirano a monitorare e cambiare i modelli di pensiero e comportamento disfunzionali.

In sintesi, il narcisismo maligno rappresenta una condizione complessa che non solo influisce sull'individuo stesso, ma ha anche ripercussioni devastanti su chi li circonda. La consapevolezza e la comprensione di questo disturbo sono fondamentali per affrontare le sfide legate alle relazioni con persone affette da narcisismo maligno.

Narcisismo Overt

Il narcisismo overt (o esplicito) si caratterizza per tratti di personalità più evidenti e apparenti. Gli individui con questo tipo di narcisismo tendono a:

•Cercare costante attenzione: Hanno bisogno di essere al centro dell'attenzione e possono comportarsi in modo arrogante o presuntuoso.

•Mostrare grandiosità: Si sentono superiori agli altri, possono vantarsi dei propri successi e hanno una visione esagerata delle proprie capacità.

•Manifestare mancanza di empatia: Possono sembrare insensibili ai sentimenti e ai bisogni degli altri, ignorando o sminuendo il valore degli altri.

•Essere competitivi: Tendono a competere continuamente per essere i migliori in ogni situazione.

Narcisismo Covert

Il narcisismo covert (o nascosto) è meno evidente e può manifestarsi in modi più sottili. Gli individui con narcisismo co spettacolare possono:

•Essere introspettivi: Spesso si considerano vittime o persone incomprese, anche mentre cercano attenzioni in modi più passivi.

•Avvertire ansia o insicurezza: Possono avere bassi livelli di autostima mascherati da un'apparente modestia o ritrosia.

•Manifestare comportamenti manipolativi: Utilizzano la pietà o la colpevolizzazione per attirare l'attenzione e ottenere ciò di cui hanno bisogno.

•Sviluppare relazioni tossiche: Possono avere difficoltà a instaurare legami genuini con gli altri a causa della loro mancanza di empatia e della loro tendenza a mettere sempre se stessi al primo posto.

In sintesi, la differenza principale tra i due tipi di narcisismo risiede nel modo in cui si esprimono e cercano l'attenzione e l'ammirazione. Mentre il narcisismo overt è diretto e spesso ostentato, il narcisismo covert è più indiretto e può manifestarsi attraverso un comportamento che emana vulnerabilità o insicurezza, pur mantenendo un forte bisogno di validazione. Entrambi, però, possono risultare distruttivi sia per l'individuo che per le proprie relazioni interpersonali.

I narcisisti, in generale, presentano un insieme di tratti e comportamenti che influenzano profondamente le loro relazioni amorose. È importante notare che il narcisismo è un fenomeno complesso e che non tutti i narcisisti si comportano allo stesso modo. Tuttavia, ci sono alcuni schemi comportamentali comuni che possono essere identificati nella loro vita amorosa.

1. Idealizzazione iniziale

All'inizio di una relazione, un narcisista tende a idealizzare il partner. Questa fase, spesso chiamata "love bombing", è caratterizzata da un'eccessiva attenzione e affetto. Il narcisista può riempire il partner di complimenti, regali e promesse grandiose. Questo comportamento serve a costruire un attaccamento emotivo rapido e forte, che rende il partner vulnerabile.

2. Possessività e controllo

Dopo la fase iniziale di idealizzazione, il narcisista può iniziare a manifestare comportamenti possessivi e controllanti. Questo può includere richieste eccessive di attenzione, gelosia per le amicizie e i legami familiari del partner, e invadenza nella vita personale del partner. Il narcisista cerca di mantenere il controllo sulla vita del partner per garantire che questo rimanga dipendente da lui.

3. Manipolazione emotiva

I narcisisti spesso usano la manipolazione emotiva per ottenere ciò che vogliono. Possono adottare varie strategie, come il gaslighting, che consiste nel far dubitare la vittima della propria realtà e dei propri sentimenti. Ciò porta il partner a sentirsi confuso e insicuro, permettendo al narcisista di mantenere il potere nella relazione.

4. Disdegno e svalutazione

Una volta che il partner è stato idealizzato e controllato, il narcisista può iniziare a svalutarlo. Questo può manifestarsi attraverso critiche costanti, rifiuto della comunicazione o confronti con altre persone. Il narcisista può far sentire il partner inadeguato o meno prezioso, alimentando il proprio ego e giustificando così il suo comportamento abusivo.

5. Impossibilità di assumersi responsabilità

Un'altra caratteristica dei narcisisti in amore è l'incapacità di prendersi la responsabilità delle proprie azioni. Tendono a proiettare la colpa sugli altri, rifiutando di riconoscere i propri errori o mancanze. Quando ci sono conflitti, il narcisista può rivolgere l'attenzione al partner, rendendolo colpevole per i problemi nella relazione.

6. Mancanza di empatia

La mancanza di empatia è una delle caratteristiche più distintive del narcisismo. Un narcisista può avere difficoltà a comprendere o addirittura ignorare i bisogni, i sentimenti e le emozioni del partner. Questo porta a un'esperienza relazionale squilibrata, in cui il narcisista può chiedere supporto e attenzione, senza offrire lo stesso in cambio.

7. Ciclo di rottura e riconciliazione

Molti narcisisti oscillano tra fasi di avvicinamento e allontanamento. Possono allontanarsi brevemente, creando confusione e dolore nel partner, per poi tornare con promesse di cambiamento. Questo ciclo di rottura e riconciliazione può rendere il partner ansioso e speranzoso, nonostante il dolore e la sofferenza vissuti.

8. Conclusione e conseguenze

In generale, una relazione con un narcisista può essere estremamente dannosa per il partner. La combinazione di tecniche di manipolazione, svalutazione e assenza di empatia può portare a una significativa diminuzione dell'autostima e del benessere emotivo. <u>Chi vive una relazione con un narcisista può iniziare a sentirsi intrappolato e incapace di liberarsi</u>, trovando difficoltà nel vedere la realtà della situazione. In sintesi, il comportamento di un narcisista in amore è complesso e distorto. Sebbene possano cominciare la relazione con entusiasmo e passione, col passare del tempo questi comportamenti si trasformano in dinamiche tossiche che possono avere un impatto devastante sul benessere psicologico ed emotivo del partner. È fondamentale riconoscere questi segnali e, se necessario, chiedere aiuto per affrontare tali relazioni difficili.

<u>TRATTI DI STORIE VISSUTE DA DONNE E UOMINI</u>

OMBRE E LUCI: Cecilia era una ragazza di venticinque anni, piena di sogni e ambizioni. Lavorava come illustratrice freelance, vivendo in un colorato appartamento a Milano, ricco di piante e opere d'arte, frutto della sua creatività. Amava passare il tempo con le amiche, festeggiando con un aperitivo nei locali alla moda, o passeggiando nei parchi, immersa nei pensieri. Ma la sua vita stava per cambiare radicalmente. Un giorno, a una festa, conobbe Marco. Era affascinante, con un sorriso magnetico e una presenza che catturava l'attenzione di tutti. Parlava con sicurezza, lodando i suoi disegni e facendo domande che sembravano mostrare un interesse genuino per la sua vita. Cecilia rimase colpita dalla sua intelligenza, dal suo charme e da quella capacità quasi ipnotica di metterla al centro del mondo. Marco sembrava l'uomo perfetto: attento, affettuoso, sempre in cerca di momenti da condividere. La corteggiò con passione, portandola in ristoranti eleganti e regalandole fiori. Iniziò a mostrare un lato romantico che Cecilia trovava irresistibile. Tuttavia, ben presto, la fase iniziale di incanto cominciò a sfumare. Con il passare dei mesi, i segnali si fecero sempre più evidenti. Marco cominciò a fare commenti che inizialmente apparivano come semplici scherzi. "Sei così bella, ma a volte vorrei che ti vestissi diversamente", le diceva, osservando le sue scelte di abbigliamento. Cecilia cercò di non dar peso a quelle parole, ma lentamente cominciò a sentirsi insicura. La sua autostima, un tempo forte, iniziò a vacillare. Marco, con la sua personalità carismatica, si mostrava affettuoso solo quando le cose andavano bene, ma il suo comportamento cambiava drammaticamente in altre situazioni. Se qualcosa non gli piaceva, la criticava aspramente, da un gesto involontario a un disegno male interpretato. "Non sei abbastanza brava", le diceva, quasi con una smorfia di disprezzo, mentre Cecilia si sentiva colpita da quella frustrazione che non riusciva nemmeno a comprendere pienamente. Presto, Marco mostrò di essere possessivo. Cominciò a controllare con chi usciva, a scrutarla con sospetto quando tornava a casa tardi. Le telefonate con le amiche divennero rare, lei si sentiva sempre più isolata. Sebbene fosse consapevole di questo cambiamento, l'amore che provava per Marco la portò a giustificare ogni suo comportamento, sperando che le cose sarebbero migliorate. Con il tempo, il clima di tensione crescente sfociò in veri e propri momenti di manipolazione. Ricordava le notti in cui lui tornava da un'uscita con gli amici, completamente ubriaco, e iniziava a discutere per nulla, scaricando su di lei le proprie insoddisfazioni. "Sei tu che mi fai arrabbiare. Se solo tu fossi diversa...", le diceva, mentre lei cercava di replicare, appellandosi ai ricordi dei bei momenti trascorsi insieme. Un giorno, dopo una discussione particolarmente intensa, Marco si allontanò, e Cecilia si ritrovò in un vortice di emozioni contrastanti. Lei lo amava, lo odiava, e sentiva un'ansia crescente. Tramite varie riflessioni e chiedendo aiuto a una terapeuta, cominciò a rendersi conto che la sua vita era diventata un incubo mascherato da amore. Cecilia iniziò a tenere un diario, annotando le sue emozioni e i comportamenti di Marco. Con il tempo, le pagine si riempirono di storie di dolore, di frustrazione e di un profondo senso di mancanza di controllo sulla sua stessa vita. Ricordava che un tempo si sentiva forte e sicura nel suo lavoro, mentre ora faticava a trovare l'ispirazione o anche solo a mettersi alla scrivania. La goccia che fece traboccare il vaso fu un episodio particolarmente violento. Marco, durante una discussione, le strappò il diario dalle mani e lo distrusse, come se volesse cancellare ogni traccia di ciò che lei aveva sentito. In quel momento, Cecilia comprese che non era più disposta a tollerare quel comportamento. Fu difficile, ma decise di lasciare Marco. Quella notte, mentre preparava le ultime cose per andarsene, i ricordi della loro storia si affollavano nella sua mente: i momenti felici, le risate, ma soprattutto le sue parole che si insinuavano come veleno nei suoi pensieri. Cecilia si sentì liberata ma anche in preda a una forte angoscia: "Cosa farò adesso? Come potrò ricominciare?" Nelle settimane successive, Cecilia si concentrò sulla sua arte, permise a quei sentimenti di trasformarsi in disegni. Ogni tratto era un modo per esprimere il suo dolore, per liberarsi dalle ombre di quel rapporto. Cominciò a partecipare a mostre e a riprendersi lo spazio che un tempo era suo. Scoprì nuove amicizie, iniziò a viaggiare e a esplorare l'arte da angolazioni nuove. Dopo mesi di solitudine e autovalutazione, Cecilia si trovò di nuovo a sorridere, non per la presenza di qualcuno, ma per se stessa. Capì che, sebbene avesse subito i danni del narcisismo, fortunatamente non aveva perso la luce che brillava dentro di lei. Era più forte, più consapevole dei suoi limiti e delle sue aspirazioni. Nella sua mente, Marco rimase un insegnamento doloroso, scoperto e accettato. Ora, con lo sguardo rivolto al futuro, Cecilia sapeva che l'amore sano era costruito su rispetto, sostegno reciproco e spazi personali. Non avrebbe mai più permesso a nessuno di spegnere la sua luce.

OMBRE NELLA LUCE: Elena era una donna brillante e appassionata, con una carriera promettente nel mondo della moda.

UN VIAGGIO NEL CUORE DELL'EGOISMO

Amava la creatività e il suo talento la portava spesso a lavorare con alcuni dei nomi più importanti del settore. Ma nella sua vita personale, qualcosa non andava. Aveva appena iniziato una relazione con Giulio, un uomo carismatico e affascinante, che sembrava comprese ogni sua emozione e desiderio. All'inizio, Giulio la riempì di attenzioni, complimenti e promesse. La sua presenza era travolgente e, poco a poco, Elena cadde nella rete di quel magnetismo. Tuttavia, con il passare del tempo, Elena iniziò a notare dei cambiamenti: la dolcezza di Giulio si mescolava sempre più spesso a episodi di freddezza e sarcasmo. Quando lei condivideva le sue aspirazioni, Giulio sorrideva ma, nel profondo, la criticava. "Hai davvero bisogno di lavorare così tanto? Non sarebbe meglio se passassi più tempo con me?", le diceva, celando sotto un'apparente cura la sua volontà di tenerla legata a sé. Elena si sentiva combattuta: da un lato, il suo amore per Giulio e i bei momento trascorsi insieme; dall'altro, la crescente insoddisfazione per la sua vita, ora completamente orientata attorno a lui. Nonostante tutto, continuava a credere che le cose potessero migliorare, che potesse tornare la magia dei primi giorni. Un giorno, Giulio, stanco e frustrato per la sua carriera stagnante, le disse: "Se solo ti dedicassi di più a me e alle nostre cose, vedresti quanto potremmo essere felici." Elena, colpita dal suo dolore, fece una scelta: ridusse le sue ore di lavoro e iniziò a trascurare le sue amicizie, sperando di rafforzare la relazione. Ma Giulio non si mostrò mai soddisfatto; ora chiedeva più attenzione, più sacrifici. Ogni volta che sperava di ricevere un complimento o un riconoscimento, ciò che riceveva era solo scetticismo. Elena si sentiva intrappolata in un vortice di continua manipolazione emotiva. Quando esprimeva i suoi sentimenti, Giulio rispondeva con indifferenza o, peggio ancora, la accusava di essere troppo sensibile. "Sei tu quella problematica", le diceva ridendo, "dovresti imparare a divertirti di più." Con il passare dei mesi, la sua autostima si ridusse al lumicino. Un giorno, parlando con una vecchia amica, Elena si rese conto di quanto fosse cambiata. La sua amica la guardò con preoccupazione. "Sei più felice con lui?", le chiese. Quella domanda risuonò dentro di lei come un campanello d'allarme. Non poteva negare che, sebbene ci fossero stati momenti felici, la maggior parte del tempo si sentiva sola e triste. Determinata a riprendere il controllo della sua vita, Elena iniziò a frequentare nuovamente i suoi amici, a esplorare i suoi interessi e a dedicarsi al lavoro. Giulio, di fronte a questa nuova assertività, divenne aggressivo. "Mi stai abbandonando. Dovresti scegliere: me o il tuo lavoro e i tuoi amici", le intimò. Ma questa volta, Elena non arretrò. Iniziò a comprendere che la sua felicità non dipendeva da Giulio e che, per la prima volta, si sentiva forte. Decise di affrontarlo, di esprimere la sua verità e di liberarsi dalla sua presa manipolativa. Così, dopo giorni di riflessione, prese coraggio e si confrontò con lui. Giulio sorpreso dall'atteggiamento deciso di Elena, reagì con rabbia e confusione. Ma al suo interno, sapeva che il suo potere stava svanendo. Elena, sollevata, capì che stava finalmente riprendendo il controllo della sua vita. Il processo fu lungo e doloroso, ma ad ogni giorno che passava, sentiva crescere in sé la forza di una donna capace di riscrivere il proprio destino. Con il tempo, Elena ricostruì la sua autostima e si dedicò nuovamente alla sua carriera, aprendosi a nuove relazioni sane e autentiche. E, mentre camminava verso il futuro, le sue ombre si trasformarono in luce, un faro che la guidava verso un amore vero, che non l'avrebbe mai manipolata, ma la avrebbe sostenuta in ogni scelta.

OMBRE DI POSSESSO: Sofia era un'infermiera veterinaria di 25 anni, con una passione autentica per gli animali e una dedizione che la portava a fare straordinari per assicurarsi che ogni paziente ricevesse le migliori cure. Amava il suo lavoro, le lunghe giornate passate tra i pelosi e affettuosi compagni a quattro zampe, il profumo di disinfettante mescolato all'odore di erba fresca che aleggiava nei giardini della clinica. La sua vita, apparentemente semplice, era segnata da un sogno: aprire una pensione/asilo per animali. Ma tutto cambiò quando conobbe Carlo. Il suo fascino magnetico e la sua intelligenza le avevano fatto battere il cuore fin dal primo momento. Era carismatico, sicuro di sé, e pareva prendersi cura di lei come nessun altro aveva mai fatto. Ma sotto questa facciata affascinante si celava un narcisista manipolativo, pronto a tessere la sua tela. All'inizio, Carlo sembrava il compagno ideale. Ma con il passare del tempo, iniziò a controllare ogni aspetto della vita di Sofia. "Ma stai certa che non sono geloso per te, solo per il nostro amore", le ripeteva, mentre le oscurava le conversazioni con colleghi e amici, le controllava perfino il conto in banca per vedere come gestiva il suo stipendio. Le dava consigli "per il suo bene", influenzando le sue scelte professionali e sociali. Sofia si trovò a sacrificare i suoi sogni, a trascurare le amicizie, mentre si allontanava sempre di più dalle sue passioni. Ogni volta che Sofia cercava di dissentire, Carlo si infuriava. "Sei una persona egoista, non pensi mai a noi", le diceva, trasformando ogni sua preoccupazione in un'accusa. La sua mente iniziò a vacillare; l'autoironia che un tempo la contraddistingueva si affievolì, mentre accumulava dubbi e insicurezze. La situazione divenne insostenibile quando, durante un'importante presentazione lavorativa, Sofia si vide costretta ad abbandonare il suo progetto per timore di deluderlo. Durante una serata "romantica", Carlo la strinse in un abbraccio, i suoi occhi scuri brillavano di un'intensità inquietante. "Vedi, non sei all'altezza. Ecco perché ti amo: perché ti faccio diventare migliore". Un brivido le percorse la schiena mentre l'osservava. Non era l'amore che sognava, ma una prigione dorata. Il lavoro che una volta amava si tramutò in una fonte di ansia. Le sue prestazioni cominciarono a declinare, la pressione di Carlo la inseguiva ovunque. Carlo era gelosissimo anche del rapporto che

UN VIAGGIO NEL CUORE DELL'EGOISMO

Sofia aveva con sua madre, al punto da fare di tutto per farle litigare e metterle l'una contro l'altra. La clinica notò i cambiamenti, ma Sofia, ormai sotto il suo incantesimo, negava l'evidenza e si rifugiava in un silenzio rassegnato. Fu quando un piccolo gattino abbandonato, rinvenuto in un cassonetto, entrò nella vita di Sofia che iniziò a rivedere le cose. Lo chiamò Oliver e vide, negli occhi innocenti del felino, una parte di sé che cercava aiuto. Ogni sera, dopo averlo curato e coccolato, si sentiva rinascere. Col passare del tempo, Sofia iniziò a riconnettersi con i suoi sogni e le sue aspirazioni. Le conversazioni con le amiche, che Carlo aveva cercato di interrompere, ricominciarono a dare vita ai suoi pensieri. Ogni parola di incoraggiamento accresceva il suo coraggio. Si rese conto che non era sola, che non meritava di essere trasformata in un'ombra di se stessa. Sofia si trovava in un momento cruciale della sua vita. Dopo anni di sofferenza e manipolazione in una relazione con Carlo,un narcisista dal quale sembrava impossibile liberarsi, cominciò a rendersi conto di quanto fosse importante parlare con persone fidate. Eccezionalmente introversa e chiusa, spesso si era sentita in imbarazzo all'idea di rivelare la vera natura della sua relazione. Le ferite invisibili che restavano sul suo cuore erano accompagnate da un profondo senso di vergogna. "Come ho potuto lasciarmi trattare in questo modo?", si diceva, colpevolizzando se stessa. Un giorno, alla fine di una lunga giornata di lavoro, Sofia decise di parlare con la sua collega Amelia, una donna saggia e comprensiva. Si sentiva al sicuro con lei, e quella scelta si rivelò fondamentale. Amelia ascoltò con attenzione, senza giudicarla, e le consigliò di confrontarsi anche con la madre, figura di riferimento che Sofia aveva trascurato negli ultimi anni. "Non sei sola, e non c'è nulla di cui vergognarsi", le disse Amelia con dolcezza. Raccogliendo tutto il coraggio possibile, Sofia si confidò con sua madre. Le spiegò la sua situazione, cercando di mettere in parole il dolore e la confusione che viveva di giorno in giorno. Con grande sorpresa, si accorse che la mamma, grazie alla sua saggezza e alla lunga esperienza di vita, le offriva una prospettiva completamente nuova. "Nessuno merita di sentirsi inferiore, e il tuo valore non dipende da come qualcuno ti tratta", le disse. Quei semplici consigli, uniti a un abbraccio caloroso, rappresentarono per Sofia un faro di luce nell'oscurità. Grazie al supporto di Amelia e alla guida materna, Sofia si sentì finalmente pronta a lasciare Carlo. La decisione fu liberatoria, ma anche spaventosa. Tuttavia, una volta che la scelta fu fatta, sentì una sorta di peso sollevarsi. Con il passare del tempo, le sue paure iniziarono a dissolversi, e la sua vita sociale riprese a fiorire. Il confronto con Carlo avvenne una sera turbolenta, il cielo si tinse di un rosso vivo e il temporale si scatenava. "Non sono più la tua proprietà", disse Sofia con voce ferma, il cuore battente all'impazzata. Carlo, visibilmente colpito, si trasformò. "Non puoi lasciarmi, non troverai mai qualcuno come me", la minacciò. Ma ora Sofia non aveva più paura. "E questo è esattamente il problema", rispose, per la prima volta liberata da quel peso. Le parole colpirono come una folata di vento fresco, spezzando il suo incantesimo. Dopo un lungo e difficile distacco, Sofia iniziò a ricostruire la sua vita. Oliver divenne il suo compagno fidato, accompagnandola in questo nuovo capitolo. Riconquistò il suo lavoro, riprese i progetti per la pensione e, passo dopo passo, tornò a essere la donna che tutti conoscevano. Le cicatrici rimanevano, ma cominciò a vederle come segni di forza, non di debolezza. Le sue esperienze l'avevano trasformata; ora era determinata ad aiutare altri nella stessa situazione. Aprì la sua pensione, una casa dove gli animali trovavano amore e sicurezza, un rifugio in cui la liberazione iniziava. La libertà di amare senza paura, di crescere senza angoscia. Sofia scoprì che, nonostante tutto, la vita poteva rinascere in forme inaspettate, e che, per quanto buie potessero essere le notti, l'alba era sempre pronta a seguire. E nel suo cuore, il sogno sbocciava nuovamente, come un fiore che fiorisce dopo la tempesta. Improvvisamente, amici di vecchia data e colleghi che si erano allontanati si riavvicinarono a lei. Non era raro che la vita la trascinasse in avventure isolanti in nome di una perfezione irraggiungibile, e ora che Carlo non era più presente, l'amore e il sostegno che riceveva da queste persone la rinvigorirono. "Eravamo preoccupati per te", le dicevano alcuni, mentre alzavano un bicchiere per festeggiare la sua nuova libertà. I legami che aveva trascurato, le amicizie che si erano affievolite, riacquistarono vigore. Sofia non solo recuperò rapporti significativi, ma anche un pezzo fondamentale di se stessa. Con ogni incontro, con ogni risata condivisa, sentiva che riprendeva il controllo della sua vita. I suoi amici l'aiutavano ad apprezzare la bellezza dell'imperfezione, dimostrandole che non aveva bisogno di cercare un ideale irreale per essere felice. Ora, guardando al futuro, Sofia si sentiva più forte e più sicura. Aveva imparato una lezione preziosa: non c'è nulla di cui vergognarsi nel chiedere aiuto, e parlando con persone fidate, si possono vincere le battaglie più difficili. La sua vita, inaspettatamente, non stava solo ricominciando, ma stava sbocciando come non era mai stata prima.

OMBRE DI EGOISMO: C'era una volta un uomo di nome Mario, un uomo gentile e sensibile, che aveva sempre messo le esigenze degli altri prima delle proprie. Un giorno, durante una serata con amici, incontrò Alessia, una donna affascinante e carismatica. Mario fu immediatamente attratto dal suo sorriso contagioso e dalla sua personalità sicura di sé. Quello che inizialmente sembrava un sogno si rivelò ben presto un incubo. All'inizio della loro relazione, Alessia sembrava una persona premurosa. Tuttavia, con il passare del tempo, Mario cominciò a notare alcuni tratti che lo fecero insospettire. Alessia era incredibilmente egoista: ogni conversazione finiva sempre per tornare a lei. Raccontava le sue avventure e i suoi successi, ignorando completamente i sogni e le aspirazioni di Mario. Quando lui cercava di condividere le sue esperienze, Alessia lo interrompeva con scuse, dicendo che non era il momento giusto per parlarne. Un altro segnale evidente era il bisogno costante di attenzioni. Alessia non si accontentava mai: doveva essere al centro dell'attenzione in ogni situazione. Durante eventi sociali, si assicurava che tutti la notassero, mentre Mario si sentiva invisibile accanto a lei. Quando gli amici di Mario si complimentavano per il suo lavoro, Alessia era pronto a deviare la conversazione su di sé, raccontando storie esagerate sulle sue conquiste. Mario si sentiva sempre più trascurato e insoddisfatto. Ogni volta che cercava di esprimere i suoi sentimenti, Alessia minimizzava le sue preoccupazioni, facendolo sentire inadeguato. "Non sei abbastanza simpatico," gli diceva, "devi imparare a divertire le persone". La sua umiliazione aumentava, e Mario cominciò a dubitare di se stesso. Alessia mostrava anche poca empatia. Quando Mario attraversò un periodo difficile al lavoro, anziché offrirgli sostegno, lo criticava, dicendo che doveva semplicemente "lascialo andare" e che tutto ciò che gli serviva era un po' di determinazione. Le sue parole ferivano profondamente Mario, ma ogni volta sperava che fosse solo una fase e che Alessia sarebbe cambiata. Le sue richieste erano interminabili: voleva che Mario fosse sempre disponibile, che rinunciasse ai suoi piani per soddisfare le sue esigenze. Ogni volta che Mario tentava di passare del tempo con gli amici, Alessia si arrabbiava, facendogli sentire colpevole per avere bisogno di spazio. Era sempre lei a creare conflitti, facendo sentire Mario come se fosse lui il problema. "Sei un pessimo fidanzato," lo rimproverava, "non t'importa mai di me". Dopo mesi di continue manipolazioni, Mario si rese conto che la sua vita era stata completamente alterata. Aveva trascurato i suoi sogni, i suoi amici e le sue passioni. Un giorno, mentre rifletteva sulla situazione, si rese conto di quanto fosse diventato infelice. Guardandosi allo specchio, si accorse che non riconosceva più l'uomo che vedeva riflesso. Decise che era ora di liberarsi di Alessia e di riprendere in mano la sua vita. Con determinazione, Mario affrontò Alessia. "Non posso più vivere così. Ho bisogno di spazio e di felicità," le disse, sorpreso dal suo stesso coraggio. Alessia, colta di sorpresa, cercò di girare la situazione a suo favore, ma Mario non cedette. Dopo quella conversazione, la vita di Mario cominciò a cambiare. Ritrovò i suoi amici, ricominciò a seguire le sue passioni e, con il tempo, ritrovò la gioia. Anche se il ricordo della relazione tossica rimase con lui, imparò una lezione preziosa: si meritava amore e rispetto, e non avrebbe mai più permesso a qualcuno di soprassedergli. Mario, rinato, si diresse verso un futuro luminoso, consapevole del suo valore e pronto ad affrontare la vita con una nuova prospettiva.

OMBRE DI NEGATIVITA': C'era una volta una donna di nome Simona, una giovane donna con un sorriso luminoso e un cuore pieno di sogni. Negli occhi di chi le stava attorno brillava una luce che emanava calore e gentilezza. Tuttavia, quella luce era stata gradualmente attenuata dalla presenza di Paolo, un uomo affascinante ma profondamente narcisista. La loro relazione iniziò come una favola, ma si trasformò ben presto in un incubo silenzioso. Per tre anni, Paolo utilizzò la sua intelligenza e il suo carisma per avvolgere Simona in una rete di manipolazione sottile ma efficace. Inizialmente, sembrava che volesse solo il suo bene, ma con il passare del tempo divenne chiaro che il suo vero obiettivo era allontanarla da tutto quello che amava, in particolare dalla sua famiglia di origine. La madre di Simona, una donna forte e premurosa, era il suo principale bersaglio. Paolo impiegò ogni mezzo per convincere Simona che, per essere felice e realizzata, doveva fare a meno del sostegno materno. "Non capisce il nostro amore", le diceva con tono controllato, "ti allontana da me, ti frena." Durante quelle conversazioni, Paolo tessette un tappeto di insicurezze attorno a Simona, facendole credere che senza di lui non avrebbe avuto un futuro. "Se mi lasci, chi si prenderà cura di te? Sei troppo ingenua per affrontare il mondo da sola", continuava a ripeterle, mentre in realtà cercava di isolare la sua compagna. La madre di Paolo, una donna cupa e sempre in guerra con il mondo, divenne l'unico anello di congiunzione tra Simona e la sua famiglia. Le visite a casa della suocera erano angoscianti; tutte le volte che Simona varcava la soglia, veniva travolta da un fiume di lamentele e giudizi. Ogni lamentela sembrava un colpo diretto al suo spirito, mentre Paolo osservava tutto da lontano, compiaciuto. "La tua famiglia è tossica, dovresti passare più tempo con noi", le diceva, facendola sentire in colpa per i legami che stava spezzando. Col passare dei mesi, la manipolazione di Paolo si fece più intensa e insidiosa. Le notti trascorse a discutere su problemi futili, le offese travestite da battute, i rimproveri mascherati da consigli - ogni parola pesava come un macigno. Simona si sentiva sempre più piccola, sempre più incerta su se stessa. Un giorno, in un momento di riflessione, Simona si rese conto di quanto fosse lontana dalla donna che era stata. Intrappolata in una spirale di disagio, ricordò la dolcezza delle risate con la madre, i pomeriggi trascorsi con gli amici, la libertà di essere semplicemente se stessa. Fu allora che decise di prendere una posizione. Iniziò a raccontare a coloro che le erano stati vicini la verità sulla sua relazione. Ogni parola che pronunciava la liberava un po' di più dalle catene invisibili che Paolo le aveva messo. Non molto tempo dopo, Paolo si rese conto che stava perdendo il controllo su di lei. In un ultimo, disperato tentativo di tenerla legata, le propose di avere un bambino. "Mettiamo su famiglia, così non potrai mai lasciarmi", le disse, sfuggendo alla verità che stava svelandosi.

UN VIAGGIO NEL CUORE DELL'EGOISMO

Ma questa volta, Simona non si lasciò intimidire. Con coraggio e determinazione, mantenne ferma la sua decisione di chiudere quel capitolo della sua vita. Iniziò a cercare supporto da amici e psicologi, affrontando gli strascichi emotivi della sua relazione. Col tempo, riscoprì la sua forza, si riconnettè e ricostruì i legami con la sua famiglia e i suoi amici. La luce che un tempo brillava nei suoi occhi stava lentamente ritornando, più intensa di prima. Ogni giorno era una nuova opportunità per iniziare a scrivere la sua storia, questa volta senza la pesante ombra di Paolo. Simona non era più la donna di prima; era una guerriera, una sopravvissuta che aveva affrontato le sue paure e che aveva finalmente scelto di vivere per se stessa. E mentre si affacciava a una vita nuova, sapeva che il futuro era nelle sue mani.

OMBRE DI GELOSIA MORBOSA: C'era una volta una ragazza di nome Chiara, vivace e appassionata di moda. Amava esprimere la propria personalità attraverso il trucco e i vestiti, indossando gonne colorate e abiti scollati che la facevano sentire sicura di sé. Chiara viveva una vita serena, circondata da amici e affetti, fino a quando incontrò Luigi, un ragazzo affascinante ma con un lato oscuro che non avrebbe mai immaginato. All'inizio, Luigi sembrava perfetto: premuroso, attento e innamorato. Ma col passare del tempo, Chiara si rese conto che la sua attesa felicità nascondeva un altro volto. Luigi iniziò a manifestare comportamenti possessivi, lamentandosi che i suoi vestiti fossero troppo provocatori e che il trucco le togliesse autenticità. "Se mi vuoi bene, dovresti vestirti in modo diverso", le diceva, giustificando le sue richieste come segni d'amore. Chiara, temendo di perdere Luigi e desiderando di compiacerlo, iniziò ad adattare il suo stile. Abbandonò le gonne e gli abiti scollati, limitando il trucco a un semplice tocco di gloss. Ma più si adattava, più le richieste di Luigi diventavano pressanti. Ogni volta che indossava qualcosa di cui lui non approvava, scoppiava una lite. Le scenate di gelosia diventavano sempre più frequenti, spesso di fronte agli amici e alla famiglia, lasciandola in imbarazzo e in preda all'ansia. Le serate che dovrebbero essere piacevoli si trasformavano in momenti di tensione. Luigi la accusava di flirtare con altri uomini, anche quando Chiara semplicemente parlava per cortesia. La sua vita sociale cominciò a restringersi: si sentiva sempre più isolata e ansiosa, mentre Luigi la controllava e cercava di tenerla lontana da chiunque avesse potuto influenzarla. Un giorno, durante una festa tra amici, Chiara indossò un vestito che risaltava la sua figura. Luigi non poté trattenere la sua irritazione e la affrontò, urlando e accusandola di non rispettare la loro relazione. Gli sguardi degli amici la trafissero come lame e Chiara si sentì piccola e vulnerabile, desiderando solo scomparire. Quella notte, riflettendo su ciò che era successo, Chiara capì che non poteva continuare così. La sua identità, la sua gioia e la sua autostima si stavano sgretolando sotto il peso delle gelosie e delle imposte di Luigi. Decise che era giunto il momento di chiedere aiuto. Con il supporto di un'amica fidata, Chiara iniziò a frequentare un gruppo di sostegno per donne che avevano vissuto relazioni simili. Scoprì che non era sola e iniziò a riappropriarsi della sua vita, passo dopo passo. Comprese che non doveva sentirsi in colpa per il suo modo di vestire o per il suo desiderio di essere se stessa. Dopo mesi di terapia e sostegno, Chiara affrontò Luigi e mise fine alla loro relazione. Anche se fu doloroso, sentì un peso enorme sollevarsi dalle sue spalle. Con il tempo, ricominciò a truccarsi, indossare i vestiti che più amava e ritrovò il sorriso che le era stato rubato. Chiara imparò a conoscere il suo valore e a rispettare se stessa, diventando un esempio di coraggio per molte ragazze che si trovavano nella sua stessa situazione. La sua storia si trasformò in un messaggio di speranza: nessuno dovrebbe mai sentirsi costretto a rinunciare alla propria identità per amore.

UN VIAGGIO NEL CUORE DELL'EGOISMO

OMBRE DI MESCHINITA': Giuseppe racconta: Quando la vita ti porta a conoscere una persona, quando inizia a diventare parte della tua quotidianità nulla avviene per caso. Ed è così che prende forma una storia, quella che più ti prende con il cuore e con la mente. Nasce per caso, cresce piano piano, poi un giorno ti svegli e capisci che non puoi farne più a meno. In questo contesto nasce una storia "tossica", inizialmente la più grande storia d'amore che una persona sogna, sin da bambino, quando tutti si proiettano al futuro e, al netto delle proprie ambizioni professionali, ci si immedesima in quello che un tempo era detto "Sogno americano": fare il lavoro che si ama, una casetta, una moglie e perchè no, qualche bambino\a. Quando conosci una persona che ti entra dentro tutto questo viene amplificato, tutto ciò prende forma passando da fantasia a realtà. Il confine tra amicizia e amore, quando ti trovi alla perfezione con una persona è labile e spesso, forse quasi sempre, il destino ti porta a fare delle scelte. Conoscere la mia ragazza è stato quasi un segno del destino. 20-21 anni, tranquilla, sorriso stampato e occhi che ti sorridevano ad ogni sguardo. Tante passioni in comune, una visione della vita condivisa, stessi sogni ed aspettative e tanta stima reciproca. In questo contesto un'amicizia nata per caso si è fortificata nel corso degli anni diventando qualcosa di forte e duraturo, da lì è nata la complicità, la voglia di condividere emozioni e pensieri, momenti della giornata e persino la vita. Averla vicino era come estraniarsi dal mondo, allontanarsi dallo stress e dai problemi della vita quotidiana, dagli acciacchi fisici che non mancano mai e dalle delusioni del passato, una recentissima conclusa per via di un tradimento dopo quattro anni vissuti sempre assieme da quella che sarebbe dovuta diventare la madre dei propri figli. Ed ecco arrivare lei, la tipica ragazza della porta accanto: non troppo bella, non troppo alta, forse non troppo femminile, forse anche un pò maschiaccio. Un vulcano di energia, un' iniezione di fiducia per un cuore spezzato. Con lei al tuo fianco potevi sorridere spensierato, sentirti compreso e mai giudicato, aiutato e non abbandonato, ti sentivi "Vivo". Quando era vicino il tempo scorreva velocemente, quando non c'era tutto sembrava andare eternamente lento. Eppure come in tutte le belle storie c'è sempre un rovescio della medaglia. In pochi anni l'amicizia è diventata amore, in poco tempo ci si apre e ci si confida e qualcosa di "puro" sembra sbocciare come una rosa ma anche far crescere strada facendo alcune spine, difficili da vedere e altrettanto difficili se non impossibile da evitare. Ed è lì, in questo vortice di emozioni che si colloca il primo passo falso di questa storia. Lei, alla sua prima storia d'amore, impaurita e incredula di aver trovato una persona sincera scappa, sfugge via in una notte di primavera inoltrata, senza lasciare spiegazioni, senza un valido motivo. Ed è lì che ti scopri per la prima volta fragile, inerme. Passano i giorni, i mesi, gli anni (ben 2) e lei continua come se niente fosse la sua vita. Ma il destino ti ricongiunge spesso anche se non lo vuoi. E' cosi che inizi a sentire la solitudine, a darti colpe che non hai ma allo stesso tempo provi ad andare avanti perchè la vita lo impone. Dopo due anni, inizi a conoscere nuove persone, frequentare nuove ragazze ma la testa batte sempre lì, su quella che ti ha rubato il cuore portandoselo via in una notte di due anni prima. Tornerà? La domanda che ti fai per due lunghi anni ottiene una sua risposta in una serata di gennaio, quando in occasione del tuo compleanno ritorna, per farti gli auguri, come se nulla fosse cambiato. Ricambi per educazione e provi a non pensarci più ma lei è sempre stata parte di te, non puoi ignorare quello che provi e quindi ti decidi, a ricercarla nonostante la testa ti dica "No, fermati!", provi a dare una seconda chance a chi invece a te stesso non ne ha voluta dare nemmeno una, nonostante meritassi fiducia. La ricontatti, parlate per ore e ore ed è lì che capisci che quell'amore iniziato due anni prima non è scemato, anzi, è rimasto intrappolato e attende di esplodere. Galeotto fu un bacio in riva al mare, in un pomeriggio di fine estate. In quel momento inizia una storia d'amore ma l'amore non può essere a senso unico ma deve essere condiviso come la vita di tutti i giorni ed è li che capisci che qualcosa non va, che nonostante tutti gli sforzi, i gesti, le attenzioni lei non è disposta a fare sacrifici. Lì inizi a capire che ad amare sei solo tu mentre l'altra si gode solamente il "benessere" creato dal tuo amore: attenzioni, cene, pizze, regali, tutto quello che un ragazzo possa fare umanamente per strappare un sorriso alla sua ragazza e farla sentire amata. Lei però continua a succhiarti energie, cibarsene per rilanciare la sua vita piatta e senza particolari soddisfazioni. Inizi a capire che qualcosa non va ma non puoi farne a meno, capisci che è poco, che vorresti e forse meriteresti di più ma nonostante tutto non puoi non averla al tuo fianco ed è lì, in quel momento che lei inizia a voltare piano piano pagina, che inizia a ribaltare la situazione iniziale: tu diventi una vittima e lei il carnefice. Inizia a non darti importanza, a sminuirti, quei sorrisi sinceri di un tempo si trasformano in mezzi sorrisi di circostanza e piano piano una storia d'amore diventa una storia di dolore dove non c'è giornata dove ti alzi e ti dai colpe: perchè è cambiata? Perchè non ti apprezza come prima? Eppure sei persino migliorato, non l'hai mai offesa, maltrattata, usata o mancata di rispetto. Dopo 7 anni e tanti sogni assieme, dopo 14 anni di conoscenza, ti accorgi che quell'amore è ormai finito da un tempo dove tu sei passato da "primo pensiero" ad uno dei tanti momenti della giornata fino a diventare un peso. Ed è lì che capisci che chi ti è stato a fianco lo ha fatto per succhiare la tua energia e rilanciare la sua vita che senza il tuo aiuto sarebbe stata ancor più grigia ed inutile. In questo momento togli le classiche "fette di prosciutto dagli occhi" ed inizi a vedere le mezze verità come verità assolute, le bugie, e provi a chiedere spiegazioni perchè lei te le deve dopo tanti anni assieme ed è lì che tutto finisce con un nuovo "ghosting", con una persona che sparisce come anni prima in una sera d'autunno senza darti nuovamente spiegazioni ma solamente dicendoti: "Sto bene così, non mi servi più, non ti penso più, non ho più bisogno di te". Vivere l'amore è la cosa più bella del mondo, ma serve fortuna, fortuna nel viverlo con una persona che ti ama più di quanto tu possa amare lei altrimenti diventa uno stillicidio, un caso di eutanasia, non fisica ma di cuore e di testa. Quando si hanno dei dubbi bisogna sempre seguire il proprio istinto, dare ascolto ad amici e parenti che riescono, con cuore libero e mente lucida a vedere dietro a quel velo di bugia che ti porta ad annullarsi e spegnerti giorno dopo giorno.

*FOCUS SUL RACCONTO DI SOFIA:*Nel racconto di Sofia, si intrecciano diversi elementi che riflettono la sua vita e le esperienze dell'autrice, creando un legame profondo tra le due storie. Sofia rappresenta non solo un personaggio, ma anche una parte della vita reale dell'autrice, il cui viaggio emotivo è segnato da eventi che plasmano il suo percorso. La narrazione trasmette un'intensa gamma di emozioni e sentimenti, permettendo ai lettori di immedesimarsi nella vita di Sofia e di vivificare le complessità delle sue esperienze. Per comprendere appieno le sfumature della storia di Sofia, è fondamentale approfondire il romanzo "Amore vs Covid", disponibile su Amazon. Questo libro non è solo una semplice narrazione, ma una vera e propria autobiografia dell'autrice, che rivela come una storia d'amore, all'apparenza perfetta e incantevole come una fiaba, possa trasformarsi in un incubo oscuro, degno di un horror. La lettura di questo romanzo offre quindi una chiave per capire le radici delle emozioni di Sofia, dando ai lettori la possibilità di esplorare come le esperienze personali dell'autrice abbiano influenzato la creazione del personaggio e la storia stessa. Attraverso le pagine di "Amore vs Covid", il lettore potrà infatti vivere in modo ancora più intenso le sfide, le delusioni e i momenti di speranza che caratterizzano entrambe le storie.

E COSA DICONO I PROFESSIONISTI IN MERITO AL CUORE DELL'EGOISMO?

INTERVISTA AD UNA PSICOLOGA: Buonasera a tutti, Oggi desidero affrontare un tema di grande importanza e complessità: le dinamiche delle relazioni narcisiste e come queste influenzano la salute mentale delle vittime. È fondamentale comprendere come una relazione con una persona narcisista possa erodere l'autostima di un individuo e condurlo a esperienze di ansia, attacchi di panico e depressione. Iniziamo col definire cosa intendiamo per "relazione narcisista". Il narcisismo è un disturbo della personalità caratterizzato da un'elevata considerazione di sé, mancanza di empatia e delle profonde necessità di ammirazione. Una persona narcisista spesso utilizza strategie manipolative per mantenere il controllo e il potere nelle proprie relazioni. Questo può tradursi in comportamenti come il gaslighting, la svalutazione, e il ritiro affettivo. Quando una persona entra in una relazione con un narcisista, inizialmente potrebbe sperimentare una fase di idealizzazione. In questa fase, il narcisista può sembrare affascinante, accattivante e pieno di attenzioni. Tuttavia, con il tempo, la vittima inizia a subire un lento e costante processo di disgregazione della propria autostima. I continui messaggi di svalutazione, la critica e il rifiuto da parte del partner narcisista portano a una insicurezza profonda. La vittima inizia a dubitare delle proprie capacità, dei propri sentimenti e della propria realtà. Questa svalutazione sistematica provoca un aumento della vulnerabilità emotiva. La vittima si sente intrappolata in una spirale di autocritica e autocommiserazione, con la percezione di non essere mai "abbastanza". Questo stato di costante ansia e stress si traduce, in molti casi, in attacchi di panico, caratterizzati da sintomi intensi come palpitazioni, sudorazione e una sensazione di soffocamento. Gli attacchi di panico possono manifestarsi in momenti di estrema vulnerabilità o anche in situazioni quotidiane, poiché il corpo reagisce a un ambiente percepito come minaccioso.

 Inoltre, la mancanza di sostegno e comprensione da parte del partner narcisista contribuisce a un senso di isolamento. La vittima può ritrovarsi separata da amici e familiari, proprio perché il narcisista spesso tenta di isolare il proprio partner per mantenere il controllo. Questo isolamento può accrescere la sensazione di impotenza e disperazione, rendendo sempre più difficile il recupero dell'autostima. La depressione diventa, quindi, una realtà per molte vittime. I sintomi possono includere una perdita di interesse nelle attività quotidiane, affaticamento, apatia e, nei casi più gravi, pensieri suicidi. È importante sottolineare che la depressione in questo contesto non è semplicemente una reazione a eventi esterni, ma è il risultato di uno stato emotivo prolungato di negazione e svalutazione.

(Come successo a Sofia). -→ per approfondire leggere il testo "I tre mostri invisibili" anche esso disponibile su Amazon.

Per affrontare questo complesso ciclo di abuso psicologico, è fondamentale che le vittime cerchino supporto professionale. La terapia cognitivo-comportamentale, ad esempio, può essere un'efficace alternativa per aiutare a ristrutturare i pensieri negativi e a ricostruire un'immagine di sé più sana. Il processo di guarigione richiede tempo, pazienza e spesso l'aiuto di un terapista qualificato che comprenda le dinamiche dell'abuso narcisista. "È fondamentale che tutte le persone che hanno vissuto esperienze difficili, ingiuste o traumatiche, non si sentano isolate nel loro dolore. Denunciare questi avvenimenti è un passo essenziale per riprendere il controllo della propria vita e sostenere gli altri che possono trovarsi in situazioni simili. La paura di essere giudicati o di non essere creduti è comprensibile, ma è importante ricordare che condividere la propria storia può essere incredibilmente liberatorio. Ogni voce conta. _Quando qualcuno si fa avanti e parla della propria esperienza, non solo trova un supporto fondamentale, ma offre anche un faro di speranza e coraggio a chi sta ancora lottando in silenzio._ Ci sono tante persone là fuori che possono beneficiare della tua testimonianza: potrebbe essere la spinta di cui hanno bisogno per fare il primo passo verso la guarigione. Unisciti a noi nel creare uno spazio sicuro dove ognuno può esprimere le proprie paure e le proprie speranze. Insieme, possiamo costruire una comunità di sostegno in cui nessuno deve affrontare le proprie battaglie da solo. Ricorda che non sei solo e che ci sono persone pronte ad ascoltarti, aiutarti e accoglierti senza giudizio. Siamo qui per combattere lo stigma e promuovere la comprensione. La tua esperienza è preziosa e la condivisione di essa non solo ti aiuterà nel tuo percorso di guarigione, ma potrà anche essere una luce per chi sta attraversando situazioni simili. _Denunciare e condividere è un atto di coraggio, un passo verso la liberazione e una potente forma di riscatto, non solo per te stesso ma per tutti coloro che possono trarre forza dalla tua storia._

Non lasciare che la paura t'impedisca di parlare: ogni passo verso la verità è un passo verso la libertà."

Intervista con la Dott.ssa Anna Rossi, Psicologa Specializzata nel Trattamento delle Vittime di Narcisismo

Intervistatore: Buongiorno, Dott.ssa Rossi. Grazie per avermi concesso il suo tempo. Oggi vorremmo approfondire un tema molto delicato: il sostegno psicologico alle vittime di narcisismo. Iniziando, può dirci come riesce a trovare il coraggio nelle vittime per farle parlare delle loro esperienze?

Dott.ssa Rossi: Buongiorno e grazie a te per questo spazio. Per molte vittime di narcisismo, parlare delle proprie esperienze è estremamente difficile, spesso a causa della vergogna e della paura di non essere credute. Il primo passo è creare un ambiente sicuro e accogliente, dove queste persone possano sentirsi protette e rispettate. Utilizzo un approccio empatico, ascoltando attivamente e validando le loro emozioni. È fondamentale che il paziente senta che la sua storia è importante e merita di essere ascoltata.

Intervistatore: Quali tecniche utilizza per costruire questa fiducia?

Dott.ssa Rossi: Innanzitutto, utilizzo il colloquio motivazionale, che aiuta i pazienti a esplorare le loro emozioni e i loro pensieri senza sentirsi giudicati. Inoltre, lavoriamo molto sulla consapevolezza e sull'autocompassione. Incoraggio le vittime a riconoscere la forza che hanno già dimostrato nel sopportare situazioni così difficili. Ogni piccolo passo verso la narrazione della loro storia è un atto di coraggio, e questo deve essere celebrato.

Intervistatore: Talvolta, le vittime possono essere scettiche o diffidenti nei confronti del processo terapeutico. Come affronta queste resistenze?

Dott.ssa Rossi: È vero, e questo è comprensibile. Spesso, queste persone hanno subito manipolazioni e traumi che hanno minato la loro fiducia. La chiave qui è la pazienza. Non forzo mai il paziente a condividere dettagli che non si sente pronto a rivelare. Lavoriamo insieme per identificare piccoli obiettivi, e io li incoraggio a procedere al loro ritmo. Dimostrare coerenza e affidabilità nella relazione terapeutica è cruciale.

Intervistatore: Come può il terapeuta approcciarsi a queste vittime senza ferirle ulteriormente?

UN VIAGGIO NEL CUORE DELL'EGOISMO

Dott.ssa Rossi: **La sensibilità è essenziale. È importante evitare domande che possano sembrare intrusive o aggressive. L'uso di un linguaggio delicato, il riconoscimento dei limiti dell'altro e il rispetto per il loro spazio emotivo sono fondamentali. Chiedere loro come desiderano procedere e quali argomenti sono pronti a discutere è un ottimo modo per coinvolgerli in modo rispettoso.**

Intervistatore: **Ha qualche consiglio pratico per coloro che desiderano supportare amici o familiari che sono stati vittime di narcisismo?**

Dott.ssa Rossi: **Assolutamente. Prima di tutto, ascoltare senza giudicare è essenziale. Fategli sapere che sono al sicuro e che possono parlare apertamente. Evitate di minimizzare le loro esperienze o di dare consigli non richiesti. Spesso, il semplice atto di essere presenti e di mostrare empatia può fare una grande differenza. Se possibile, incoraggiateli a cercare aiuto professionale, ma senza pressarli.**

Intervistatore: **Dottoressa, ora vorrei chiederle un'opinione più personale riguardo a questo tema. Come vede, dal suo punto di vista, le vittime di narcisismo? Quali emozioni e reazioni avverte in loro durante le sue sessioni di terapia?**

Dottoressa: **È una domanda molto interessante. Dal punto di vista professionale, è chiaro che le vittime di narcisismo si trovano spesso in situazioni estremamente difficili. In genere, manifestano sintomi di bassa autostima, ansia e, talvolta, depressione. Ciò che colpisce di più, però, è il loro senso di smarrimento. Molti di loro faticano a riconoscere i comportamenti tossici che hanno subito, a causa della manipolazione da parte del narcisista. Dal punto di vista personale, ciò che vedo è che dietro a questa sofferenza c'è una grande resilienza. Le vittime, che spesso si percepiscono come "inadeguate", possiedono una forza interiore incredibile. È affascinante constatare come, a poco a** poco, attraverso il percorso terapeutico, riescono a riconnettersi con la propria autenticità e a riprendere il controllo delle loro vite. Tuttavia, è anche doloroso vedere quanto abbiano sofferto prima di arrivare a chiedere aiuto. Ciò che appare agli occhi esterni come una semplice relazione complessa in realtà cela anni di manipolazione, gaslighting e confusione. Questo di fronte ai miei occhi è un tema ricorrente: la lotta per riappropriarsi della propria identità e delle proprie emozioni.

Intervistatore: Assolutamente, è un aspetto davvero toccante. Come possono, a suo avviso, queste persone iniziare a guarire e ritrovare la loro forza?

Dottoressa: La guarigione è un percorso lungo e personalizzato, ma ci sono alcuni passaggi chiave. Prima di tutto, è fondamentale riconoscere il danno subito e validare le proprie esperienze. Poi, il lavoro sul rafforzamento dell'autostima e sull'apprendimento di nuove strategie relazionali gioca un ruolo cruciale. Infine, costruire una rete di supporto con persone empatiche e comprensive può fare una grande differenza.

Intervistatore: Dottoressa, grazie per essere ancora con me. Vorrei approfondire la storia di Sofia. Può dirci come la sua condizione influisce sulla sua vita quotidiana, sia dal punto di vista professionale che personale?

Dottoressa: Certamente. Sofia ha affrontato molte sfide nella sua vita, e questi aspetti si riflettono sia nel suo percorso professionale che nelle sue relazioni personali. Professionalmente, Sofia è una persona molto determinata e talentuosa. Nonostante le difficoltà, ha sempre cercato di mantenere un equilibrio tra le sue aspirazioni lavorative e le sue esigenze personali. Ha dimostrato resilienza, affrontando le sfide con una mentalità proattiva. Personalmente, la sua storia è segnata da alti e bassi. Conosco Sofia da diversi anni e ho visto come le sue relazioni siano state influenzate dalle sue esperienze. Ha una rete di supporto incredibile, composta da amici e familiari che l'hanno sempre sostenuta. Tuttavia, non è stato facile per lei adattarsi alle interazioni sociali in alcune fasi della sua vita, soprattutto quando si sentiva più vulnerabile.

Intervistatore: Potrebbe condividere un esempio di come Sofia ha affrontato una delle sue sfide personali e come ciò l'ha influenzata nel suo percorso professionale?

Dottoressa: Certamente. Ricordo un momento specifico in cui Sofia stava attraversando una fase particolarmente difficile a causa di una crisi di salute. Questo l'ha logicamente portata a dover limitare le sue ore di lavoro e, inizialmente, a sentirsi inadeguata. Tuttavia, ciò che è emerso da questa esperienza è stata la sua capacità di chiedere aiuto e di comunicare apertamente con i suoi superiori. E questo ha aperto un dialogo su come le aziende possano sostenere dipendenti con condizioni simili. Grazie a questa sua apertura, Sofia è diventata una fonte di ispirazione per i suoi colleghi, dimostrando che parlare delle proprie difficoltà può portare a cambiamenti positivi all'interno di un ambiente lavorativo. Questa esperienza non solo ha rafforzato la sua autostima, ma ha anche dimostrato come una comunicazione efficace possa portare a soluzioni collaborative.

Intervistatore: È davvero incoraggiante vedere come una persona possa trasformare le proprie sfide in opportunità. Quali sono secondo lei le lezioni più importanti che Sofia ha imparato lungo il suo percorso?

Dottoressa: Sono molte le lezioni che Sofia ha appreso. Una delle più importanti è senza dubbio la resilienza. Ha imparato che le difficoltà sono parte della vita, ma che affrontarle con determinazione e positività è fondamentale. Inoltre, Sofia ha valorizzato l'importanza del supporto sociale. Ha compreso che non deve affrontare tutto da sola e che può contare su una rete di sostegno. Infine, ha imparato a essere più gentile con se stessa, accettando i propri limiti e celebrando i propri successi, anche quelli che sembrano piccoli.

Intervistatore:Dottoressa, vorrei approfondire il tema di Sofia e la sua paura di fare nuove conoscenze, sia in amicizia che in amore. Potrebbe spiegarci come si sente attualmente in questo contesto?

Dottoressa: Certamente. Sofia si trova in una fase della sua vita in cui le relazioni, sia amicali che romantiche, le sembrano particolarmente intimidatorie. Questa paura è spesso alimentata da una serie di fattori complessi che possono includere esperienze di rifiuto vissute in passato, una bassa autostima e, non ultimo, la pressione sociale che proviene dal contesto in cui si muove. Quando parliamo di amicizie, Sofia potrebbe sentirsi come se non avesse il "gruppo giusto" o i legami profondi che tanto desidera. Oggi, la società è in continua evoluzione e le relazioni interpersonali si sono adattate ai nuovi modi di comunicare, come i social media. Questi strumenti, pur offrendo opportunità, possono anche amplificare un senso di isolamento. Sofia potrebbe vedere gli altri interagire in modo apparentemente semplice e informale, mentre lei si sente bloccata in un circolo vizioso di dubbi e insicurezze. Questa osservazione le fa pensare di essere diversa, non solo rispetto a quelli che la circondano, ma anche rispetto a ciò che considera "normale".Quando si tratta di relazioni amorose, le cose possono diventare ancora più complicate. Sofia potrebbe avere una vera paura di aprirsi emotivamente, temi che nel contesto romantico sono essenziali. Ha paura di essere giudicata o di tornare a provare il dolore che ha già vissuto. Si rende conto che il mondo moderno ha una mentalità molto diversa riguardo all'amore e alle relazioni, con le aspettative che possono sembrare schiaccianti. Ci sono standard estetici, attitudinali e comportamentali che spesso sente di non riuscire a soddisfare. Questo la porta a chiudersi, poiché l'idea di mettersi in gioco sembra più spaventosa che mai. Inoltre, Sofia può sentirsi preoccupata per il fatto di non riuscire a comunicare il suo vero sé, temendo che la sua autenticità non venga accettata in un mondo che premia più le apparenze che gli aspetti interiori. Questo crea in lei un conflitto interiore profondo; da una parte, desidera ardentemente connessioni genuine e significative, dall'altra, la paura di rimanere delusa o ferita la frena. Sofia spesso si sente come se fosse in ritardo rispetto ai suoi coetanei che sembrano navigare la vita sociale e amorosa con maggiore disinvoltura. Questa percezione di "diversità" rispetto al resto della società può farla sentire isolata. Può persino arrivare a giudicarsi severamente, chiedendosi cosa ci sia di sbagliato in lei, senza considerare che le sue esperienze e le sue emozioni sono validi e del tutto normali in un contesto così complesso. In sintesi, la paura di Sofia di fare nuove conoscenze è il risultato di una serie di fattori interni ed esterni che la spingono a sentirsi diversa e, in certi momenti, a sentirsi addirittura sopraffatta da tutto ciò che la società attuale richiede in termini di relazioni. È quindi importante per lei lavorare su sé stessa e sulla sua autostima, dando spazio anche ai suoi desideri e alla sua vulnerabilità, in modo da poter trovare la forza di affrontare e creare nuove connessioni.)

Intervistatore: Ha notato come la dedicazione di Sofia al lavoro con gli animali sia cambiata a seguito delle sue esperienze relazionali?

Dottoressa: Certamente. La trasformazione di Sofia è significativa e appare come una reazione a due esperienze profondamente traumatizzanti. Dopo la prima relazione in cui si è sentita tradita, abbiamo visto come la sua fiducia in se stessa e negli altri sia stata scossa. Questa esperienza di tradimento ha, in un certo senso, creato in lei un desiderio di stabilità e amore in forme più pure, rappresentate dal suo lavoro con gli animali.

Intervistatore: Quindi si potrebbe dire che il suo attaccamento agli animali è diventato una sorta di rifugio per lei?

Dottoressa: Esattamente. Gli animali non giudicano e offrono un amore incondizionato, che per Sofia può sembrare più sicuro rispetto alle relazioni interpersonali. Questo rifugio emotivo le consente di ricostruire una forma di autostima e di speranza, in un contesto in cui si è sentita vulnerabile e tradita.

Intervistatore: E per quanto riguarda la sua seconda esperienza con un narcisista manipolatore? Ha notato delle differenze in Sofia?

Dottoressa: Assolutamente. Questa seconda esperienza è stata devastante. La manipolazione continua e il controllo esercitato su di lei hanno lasciato segni profondi. In questo caso, Sofia ha sviluppato una forte motivazione nel proteggere gli animali, dato che considera la loro vulnerabilità e fragilità come qualcosa che risuona profondamente con la sua. Questo può anche essere visto come un tentativo di trovare un senso di controllo e potere nella sua vita, dando un significato al suo dolore attraverso l'attenzione agli animali.

Intervistatore: Pensa che questa dedicazione possa anche nascondere una fuga dai suoi problemi relazionali irrisolti?

Dottoressa: È possibile. La dedizione al lavoro con gli animali può certamente offrire una via di fuga, e non è insolito che le persone cerchino di compensare le ferite emotive attraverso il loro impegno lavorativo. Tuttavia, è fondamentale che Sofia inizi anche a lavorare sulle sue esperienze dolorose con un professionista. Solo affrontando il suo passato potrà integrarlo nella sua vita e costruire relazioni più sane in futuro.

Intervistatore: Qual è il consiglio che darebbe a Sofia per

trovare un equilibrio tra la sua dedizione agli animali e il lavoro su se stessa?

Dottoressa: Le suggerirei di dedicare del tempo a riflettere su quello che ha vissuto, permettendo a se stessa di elaborare il dolore. Può farlo attraverso la scrittura, la meditazione o il supporto di un terapeuta. Allo stesso tempo, dovrebbe continuare a coltivare la sua passione per gli animali, ma con la consapevolezza che la cura per gli altri è importante quanto la cura per se stessa. L'equilibrio è fondamentale: deve assicurarsi di non perdere di vista il suo benessere mentre si dedica agli altri.

Voglio ora esporvi alcune delle mie personali riflessioni elaborate a seguito di quanto vissuto in particolar modo negli ultimi 6 mesi prima di concludere quello che per me è il viaggio nel cuore di ognuno di noi.

L'amore dovrebbe essere un rifugio sicuro, un luogo dove ci sentiamo compresi, amati e supportati. Purtroppo, però, non sempre è così. Esistono relazioni che, anziché farci fiorire, ci avvelenano lentamente, sottraendoci energie e autostima. Queste sono le famigerate relazioni tossiche.

L'amore dovrebbe essere un rifugio sicuro, un luogo dove ci sentiamo compresi, amati e supportati. Purtroppo, però, non sempre è così. Esistono relazioni che, anziché farci fiorire, ci avvelenano lentamente, sottraendoci energie e autostima. Queste sono le famigerate relazioni tossiche.

Spesso è difficile riconoscere una relazione tossica perché l'amore, all'inizio, può mascherare atteggiamenti nocivi.

Vediamo allora insieme come individuare i segnali di una relazione che ci sta facendo del male e soprattutto, come allontanarsene per ritrovare la nostra serenità.

Segnali che identificano le relazione tossica

Gelosia possessiva e ossessiva

La gelosia è un sentimento naturale, che può nascere dalla paura di perdere la persona amata. Tuttavia, nella relazione tossica, la gelosia si trasforma per diventare possessiva e ossessiva. Il partner può arrivare a controllare ogni interazione, dagli spostamenti alle chat di WhatsApp, dalle pubblicazioni sui social network ai like e commenti lasciati. Un controllo che può arrivare anche a limitare le uscite con gli amici o con la famiglia, creando un isolamento progressivo.

UN VIAGGIO NEL CUORE DELL'EGOISMO

Critiche continue e svalutazione

In una relazione sana, il partner sostiene e incoraggia. In una relazione tossica, invece, si subisce una pioggia continua di critiche continue e svalutazione. Il partner ci fa sentire inadeguati, sottolinea i difetti e minimizza caratteristiche positive e vittorie. Un logoramento continuo, che fa perdere la fiducia in sé stessi e l'autostima.

Manipolazione e colpevolizzazione

Il partner tossico è un abile manipolatore. Può agire tramite minacce velate rivolte a sé stesso o a te oppure ti dà la colpa dei suoi comportamenti. Ciò ti porta a sentirti sempre in torto, anche se la colpa è palesemente sua.

Isolamento dagli amici e dalla famiglia

Per avere il massimo controllo su di te, il partner tossico può cercare di isolarti dalle persone care. Ti scoraggia dal vedere gli amici e la famiglia, facendoti credere che siano loro a "creare problemi". In questo modo, ti isola e ti rende più "attaccato" e sensibile alle manipolazioni.

Minacce e violenza, fisica o psicologica

Nelle relazioni tossiche più gravi, si può arrivare a veri e propri abusi. Minacce verbali o fisiche, umiliazioni, violenza psicologica e aggressioni diventano la normalità.

Il circolo vizioso

In alcuni casi, chi finisce in una relazione tossica può arrivare a provare un senso di dipendenza affettiva. Si crea un circolo vizioso: litigi, promesse di cambiamento, periodi di apparente felicità e poi di nuovo malessere. Piccoli, spesso insignificanti segnali che però potrebbero posticipare la decisione di troncare.

Come terminare una relazione tossica

Liberarsi dalla trappola di una relazione tossica non è facile, ma è un azione fondamentale per il tuo benessere psicofisico. Ecco alcuni consigli che possono aiutarti a effettuare questo distacco:

Ammetti di essere parte di una relazione tossica

Il primo passo è riconoscere la situazione per quello che è. Non giustificare ulteriormente il tuo partner e non minimizzare i suoi comportamenti.

Cerca supporto

Confidati con una persona di fiducia, un amico, un parente o uno psicologo. Parlare aiuterà a chiarirti le idee e a trovare la forza per allontanarti dal partner tossico. Un professionista, come uno psicologo, potrà poi aiutarti a comprendere le dinamiche della tua relazione e a sviluppare strategie per uscirne nel modo più sicuro e consapevole.

Fai un piano per allontanarti

Non lasciare il partner all'improvviso. Prendi il tempo necessario per pianificare la tua uscita dalla relazione. Cerca un posto sicuro dove stare, se necessario, e organizza il modo per recuperare i tuoi effetti personali. Informa le persone care della tua decisione e chiedi il loro supporto.

Stacca completamente

Appena riesci a liberarti da questa relazione, interrompi ogni contatto con il tuo ex partner. Non tornare indietro sui tuoi passi, non rispondere a messaggi o telefonate. Eliminalo dai social media e blocca il suo numero. Allontanati da qualsiasi ambiente che potrebbe metterti in contatto con lui.

Sii la tua priorità
Uscire da una relazione tossica è un percorso impegnativo che richiede tempo e dedizione. Durante lo stesso prenditi cura di te, sia fisicamente che emotivamente. Mangia sano, fai movimento, stai nella natura, frequenta persone, riposati e divertiti.

Non mollare
Dovrai affrontare momenti di sconforto e di nostalgia. Quando arriveranno, ricorda le ragioni per cui hai deciso di allontanarti dalla relazione e concentrati su ciò che vuoi. Non mollare, ne vale la pena.

Ricorda: molte persone vivono relazioni tossiche e riescono a liberarsene. Impegno, supporto esterno e autostima ti permetteranno di uscire da questa trappola, avere serenità e ciò che meriti.

EPILOGO

Mentre il sole cominciava a declinare all'orizzonte, tingendo il cielo di sfumature dorate e porpora, Sofia si trovò a riflettere su un viaggio che l'aveva portata lontano non solo nel mondo, ma anche dentro di sé. In quel momento magico, circondata dalla quiete di un giardino rigoglioso, Marianne, la sua migliore amica, si unì a lei su una panchina di legno, come all'epoca dei pomeriggi spensierati dell'infanzia. Ma questa volta c'era un'aria di solennità e gratitudine nell'aria, un misto di emozioni che solo chi ha affrontato la vita con un cuore puro può comprendere appieno. Sofia aveva intrapreso un'avventura che, all'apparenza, sembrava un semplice progetto editoriale. Ma per lei si era tramutata in un'immersione profonda e rivelatrice nelle vite di troppe persone segnate da esperienze di abuso emotivo, da parte di coloro che avrebbero dovuto amarli, ad esempio, un partner narcisista. Ogni incontro, ogni storia, ogni confessione, aveva forgiato un legame invisibile e potente con chi l'aveva scelta come custode delle proprie sofferenze. Non solo un ascoltatore, ma una testimone del dolore e della resilienza umana. Il cuore di Sofia, un cuore che pulsava di compassione e umanità, si era aperto completamente a quei racconti. Non c'era stato un solo momento in cui avesse giudicato chi si trovava davanti a lei: nessuna critica, nessun pregiudizio, solo un'attenzione e uno sguardo empatico che talvolta avevano il potere di accogliere e alleviare l'angoscia di chi si trovava a narrare i propri incubi quotidiani. Si era immersa in ogni narrazione, come un fiume che si getta con dolcezza nel mare, attratta dalla profondità delle emozioni, delle paure e delle speranze che colmavano quegli incontri. Ogni volto raccontava una storia differente: storie di cuori spezzati, di sogni infranti, di promesse mai mantenute e di silenzi assordanti. Eppure, in mezzo a quel dolore, Sofia riusciva a scorgere una scintilla di luce, una testimonianza di forza e resistenza che animava quelle esistenze. La volontà di ricostruire, di rialzarsi, di amare ancora, persino in mezzo a cicatrici invisibili e ferite che non si sarebbero mai completamente rimarginate. Furono queste storie che alimentarono il suo spirito, che la resero testimone e al tempo stesso portatrice di un messaggio di speranza. Sofia si rese conto che la forza di volontà è un faro luminoso, capace di guidare anche nei momenti più bui. Ogni persona che aveva incontrato e ascoltato lo dimostrava. E così, pagina dopo pagina, il suo libro era diventato un arazzo di vulnerabilità e coraggio interconnesso, un tributo a tutte quelle voci che avevano osato raccontare la propria verità, nonostante il terrore di essere giudicate, fraintese o ridicolizzate. Il suo gesto di ascoltare senza giudicare si era rivelato una sorta di liberazione, non solo per gli altri, ma anche per lei stessa. Ogni volta che qualcuno si apriva, un peso sembrava sollevarsi, un contratto tra anime che si sanciva in quella sacra condivisione: io ti parlo del mio dolore, e tu mi accogli con il tuo ascolto. Attraverso ogni storia, Sofia aveva trovato un nuovo modo di vedere il mondo, una visione più profonda che riconosceva l'umanità nel suo complesso, con tutte le sue fragilità e le sue magnifiche imperfezioni. Concludere il suo libro era un atto di chiusura di un capitolo formativo della sua vita, ma anche di apertura a nuove opportunità. L'atto di scrivere non era stata un esercizio fine a se stesso, ma un viaggio di guarigione collettiva e di scoperta di sé. Sofia aveva imparato a portare il peso degli altri con dolcezza e grazia, ad abbracciare le proprie vulnerabilità e, in quel processo, aveva scoperto una forza di volontà che, fino a quel momento, stava solo iniziando a sbocciare. "Queste storie," disse a Marianne, con uno sguardo profondo, "non sono solo racconti di sofferenza, ma manifestazioni di resilienza e bellezza. La capacità di ricostruirsi e di trovare la luce anche dopo una tempesta sono doni che vanno condivisi. Questo libro è per loro, per ognuno di noi. È un invito a guardarsi dentro, a riconoscere il valore delle proprie esperienze e a non avere paura di raccontarle." Marianne annuì, colpita dalla passione che illuminava gli occhi di Sofia. "Hai fatto qualcosa di straordinario," rispose, "hai trasformato il dolore in un ponte di connessione tra le persone. Hai dato loro voce e dignità. Questo libro sarà uno strumento di liberazione."

Mentre il sole scompariva all'orizzonte, Sofia comprese che il viaggio non era finito; era appena iniziato. Con le storie di tutti coloro che le avevano aperto il cuore, portava con sé un messaggio potente: il cambiamento è possibile, la guarigione è un viaggio da percorrere insieme, e, soprattutto, in ogni frode che la vita le aveva riservato, c'era sempre un'opportunità di risvegliare la forza di volontà latente dentro di noi, come un seme pronto a germogliare.Con questo pensiero, Sofia chiuse il suo libro – non come una conclusione, ma come un nuovo inizio, un catalizzatore per ogni lettore che si sarebbe trovato a percorrere il sentiero tracciato dalle loro storie, alla ricerca della luce e della libertà.

Grazie mamma, grazie Anna amica mia per avermi aperto gli occhi e salvato la vita, ve ne sarò per sempre grata.

La vostra Irene in Sofia.